(unbesetzt)

Worüber geht es in diesem Taschenbuch?

In Laufe der Vorbereitung auf die C2 Prüfung, habe ich hauptsächlich auf die Leserbriefe konzentriert, die ganz verschiedenen Themen aufgreifen.

Das Problem lag daran, obwohl ich die Themen beispielsweise "Wirtschaft", "Wissenschaft" gut behandeln kann, finde ich persönlich Themen wie "Kochkultur", "Tradition"... usw schwer. Daher ziehe ich mich in Zweifel, wie die Befürchtung, einem fremden Thema in der Prüfung zu begegnen, ausgeräumt wird. Daraus folgend habe ich die verschiedenen Themen in einem festen strukturellen Format, mithilfe der Verwendung von Konnektoren verfasst.

Nach meiner Ansicht sind diese Notizen nur als eine Übersicht dienen, da es hauptwichtig ist, dass Sie eigenständig Ihre Sätze bilden. Die Argumente jeder Themen kann man auch in Verwendung in "Sprechen" Teil in der Prüfung bringen.

Am Ende des Themas ist es empfehlenswert, dass Sie ihre eigenen Argumenten zu Heft bringen, und von ihren Freunden oder Lehrern korrigieren lassen.

An welchen Leserkreis ist das Buch geeignet, da die angesprochenen Themen recht unterschiedlich sind, also recht unterschiedliche Interessen ansprechen.

Meist gezielt ist das Taschenbuch für die Studenten, die die deutsche Sprache lernen und verschiedene Themen in Prüfungen wie Testdaf, DSH, B2 bis C2 begegnen. Daher habe ich einige Stichpunkten über verschiedene Themen hervorhoben, damit machen sich die Studenten über verschiedene Themen in vertraut.

Welche Gliederung wird hier verfolgt?

Einleitung:

B2 Niveau: Ich habe Ihre Artikel zum Thema „....." in der Zeitung „....." gelesen und dazu äußere ich gerne meine Meinung......

Höhere Niveau: Der Artikel „.........." beleuchtet die Thematik vielschichtig. In vielen Punkten bin ich mit dem Autor einverstanden. Dennoch möchte ich die Gelegenheit nutzen, meine Meinung äußern, und einige Aspekte darstellen.

((Bilden Sie Ihre eigene Einleitung))

Argument 1:

1.   pro Argument-gegen Argument

2.   pro Argument/gegen Argument

Argument 2:

1.   pro Argument-gegen Argument

2.   pro Argument/gegen Argument

Argument 3: sich in Zweifel ziehen -> eine Begründung geben -> eine Meinung vertreten

(mit der Verwendung der Redewendungen und Konnektoren)

Ihre Meinung: Bitte wenden Sie sich mit ihrem wertvoller Feedback unter meine Email Adresse: tarunmalik21@gmail.com Verbesserungsvorschläge sowie Fehlermeldungen sind mir natürlich besonders willkommen.

Tarun Malik
26 Mai 2019

3

Contents

Weihnachten - ein Fest zwischen Religion und Kommerz

Sie haben ein Artikel in der Zeitung "...." zum Thema " Weihnachten - ein Fest zwischen Religion und Kommerz gelesen und dazu äußern Ihre Meinung.

---

1. *Das Weihnachtsfest ist ein Grundbestandteil der abendländischen Kultur. Es ist wichtig, dass sich auch in der modernen Welt wieder mehr Menschen auf diese Wurzeln besinnen und Religion und Spiritualität einen größeren Platz in ihrer Lebensgestaltung einräumen.*
2. *Weihnachten hat kaum noch seine ursprüngliche Bedeutung für den säkularisierten westlichen Menschen des 21. Jahrhunderts. Werte und Normen kommen heutzutage nicht mehr in erster Linie aus der Religion. Daher sollte man allen Menschen freistellen, ob sie überhaupt noch Weihnachten feiern wollen.*
3. *Es ist traurig, zu sehen, wie Weihnachten immer mehr kommerzialisiert wird. Die religiösen Grundlagen des Festes geraten immer mehr in den Hintergrund und es dominieren Geschäftsinteressen. Das ist vor allem daran zu erkennen, dass bereits im Spätsommer viele Läden und Warenhäuser das Weihnachtsgeschäft anfachen und man diesem Dauerdruck kaum entkommen kann.*

Der Artikel „........." beleuchtet die Thematik vielschichtig und differenziert. In vielen Punkten bin ich mit dem Autor einverstanden. Dennoch möchte ich die Gelegenheit nutzen, und dazu meine Meinung äußern.

Weihnachten - ein Fest zwischen Religion und Kommerz ist ein wichtiges Thema, dass häufig in der gesellschaftlichen Diskussion bleibt.

Argument 1

Ich bin mit der ersten Aussage ihres Artikels einverstanden, dass es wichtig ist, dass sich auch in der modernen Welt wieder mehr Menschen auf Weihnachten einen größeren Platz in ihrer Lebensgestaltung einräumen.

Nach meiner Kenntnis möchte ich ergänzen, dass:

- Weihnachten ein Fest der Geburt Jesu Christi ist. 25. Dezember ist der Festtag der Christtag, was auch in vielen Staaten ein gesetzlicher Feiertag ist.

- Wegen des obigen Grunds, hat Weihnachten eine hohe spirituelle Bedeutung ins Leben, was auch mit der kulturellen Beziehung verbunden ist. Der Vater stellt den Weihnachtsbaum auf, Mutti bereitet Würstchen mit Kartoffelsalat, andere Gerichte zu. Die Kids sind schon seit dem Morgen völlig energisch und warten auf den Moment, wann sie endlich die Geschenke vom Christkind auspacken dürfen.

- In den verschiedenen Ländern der Welt wird Weihnachten unterschiedlich gefeiert. Im Allgemeinen zu Weihnachten beschenken sich Familienmitglieder und Freunde gegenseitig. Leute beschenken auch den obdachlosen, armen Menschen. Klar ist, dass Weihnachten ein Fest der Menschheit ist, was einen größeren Platz in unserer Lebensgestaltung einräumt.

Argument 2

Außerdem möchte ich noch einmal unterstreichen, was der Artikel schreibt, dass Weihnachten kaum noch seine ursprüngliche Bedeutung für den säkularisierten westlichen Menschen des 21. Jahrhunderts hat. Werte und Normen kommen heutzutage nicht mehr in erster Linie aus der Religion. Daher sollte man allen Menschen freistellen, ob sie überhaupt noch Weihnachten feiern wollen.

Es kommt nicht in Betracht, dass:

- In der heutigen modernen verliert Weihnachten ihre Bedeutung, denn die wahre Passion fehlt. Die einigen Junge einfach laufen auf der Weihnachtsmarkt rum, um etwas zu kaufen oder trinken. Die Begeisterung zusammen singen, tanzen, Santa Claus zu sehen, fehlt. Viele Erwachsene wegen der Arbeit/Projekt weit von zu Haus pendeln müssen, denn sie keine Zeit für Weihnachten verbringen. Ältere Menschen leiden unter Einsamkeit. Sie erprobten Freundschaften aus Schule und Studium zu pflegen, fällt ebenfalls schwer, wenn Freunden, Familienmitglieder in unterschiedliche Städte/Länder leben. Die Alleinstehende, die immer gerne zu Hause bleiben, sind manchmal depressiv geworden.
- Klar ist, dass Werte und Normen kommen heutzutage nicht mehr in erster Linie aus der Religion, und ich bewundere mich wie die Situaion in der nächsten Jahrzehnten geändert wird.

sich in Zweifelziehen ->eine Begründung geben ->eine Meinung vertreten

Zum Nachdenken gebracht hat mich der dritte Punkt des Artikels, dass Weihnachten immer mehr kommerzialisiert wird. Die religiösen Grundlagen des Festes geraten immer mehr in den Hintergrund und es dominieren Geschäftsinteressen.

Ich denke nämlich.

- Weihnachtsfest sei der Motor der Konsumgesellschaft, wo Konsum im Vordergrund steht. Einzelhandel, Amazon.de, andere E-Commerce Webseiten bieten viel mehr Rabatt, Produkte zum Verkaufen an. Leute warten auf Fests wie Ostern, Weihnachten .., denn sie wissen, dass eine Vielfalt von günstigen Produkten auf den Markt/im Internet zur verfügbar sind. Es gäbe eine Flut von Werbeanzeige, was weist auf, wie kommerzialisiert Weihnachtfest geworden ist.

Aus der Perspektive meines Heimatlandes möchte ich ergänzen, dass...............

Zusammenfassend möchte ich sagen, dass für............ beide Seiten notwendig sind: 1).................... 2) ....

Philosophie - Allgemeinbildung oder antiquiertes Luxusgut?

Sie haben ein Artikel in der Zeitung ".…." zum Thema " Philosophie - Allgemeinbildung oder antiquiertes Luxusgut?" gelesen und dazu äußern Ihre Meinung.

> *Die Philosophie gilt als die älteste Wissenschaft überhaupt. Seit der Antike haben sich die Menschen durch alle Jahrhunderte hindurch mit den existenziellen Grundannahmen der Materie und des menschlichen Daseins auseinandergesetzt. Daher wird diese „Schule des Denkens' immer ihre Daseinsberechtigung haben und sollte auch heute zum Allgemeingut eines gebildeten Menschen, gehören.*

> *Philosophie ist bestenfalls ein schöner Zeitvertreib für Leute, die keine wirklichen Sorgen haben. Philosophen haben noch nie Antworten auf die wirklich drängenden Fragen der Menschheit gegeben; oft haben ihre Ideen sogar Hass, Verfolgung und Krieg ausgelöst oder unterstützt. Man sollte diese Pseudowissenschaft, die sich nicht empirisch belegen lässt, in die Hörsäle der Universitäten verbannen - in der Wirklichkeit hat sie nichts zu suchen.*

> *Philosophie ist dann nutzlos, wenn sie sich darauf beschränkt, die Gedanken der alten Denkschulen „wiederzukäuen": Sie kann aber entscheidende Impulse für den gesellschaftlichen, politischen und kulturellen Diskurs geben, wenn sie sich mit den wichtigsten Fragen der globalen Welt auseinandersetzt und aus ihrer Perspektive Vorschläge macht, wie man mit Hunger, Armut, Terrorismus und ideologischem Hass fertig werden kann.*

Der Artikel „........." beleuchtet die Thematik vielschichtig und differenziert. In vielen Punkten bin ich mit dem Autor einverstanden. Dennoch möchte ich die Gelegenheit nutzen, und dazu meine Meinung äußern.

Philosophie - Allgemeinbildung oder antiquiertes Luxusgut? ist ein wichtiges Thema, dass häufig in der gesellschaftlichen Diskussion bleibt.

Ich bin mit der ersten Aussage ihres Artikels einverstanden, dass Philosophie als die älteste Wissenschaft gilt. Diese „Schule des Denkens' wird immer ihre Daseinsberechtigung haben und sollte auch heute zum Allgemeingut eines gebildeten Menschen, gehören.

Nach meiner Kenntnis möchte ich ergänzen, dass:

- Philosophie ist eine Richtschnur für das Verhalten der Gemeinschaft, gemäß der man sein eigenes Unglück oder Problem aus der Distanz sehen und bearbeiten kann.
- Wann ist der Mensch gut? Was ist Liebe? Was ist Moralität? sind die einigen Fragen, die durch Philosophie geantwortet sind. Wenn man gebildet ist, und zu jeder guttut, dann bringt er für sich nachhaltige beglückende Folgen.
- Warum habe ich oft Missverständnisse mit Lebensgefährtin/Mitarbeiter? Ist Geld die Lösung aller Probleme in der Welt? Wie soll ich auf Kritik reagieren? Welches soziales Verhalten in der Gesellschaft wichtig sind? ... usw. Die obigen Situationen wurden durch Philosophie richtig behandelt, da durch Philosophie man Einsichten entwickelt, die die Situationen klären, und zumindest einige relativieren. Das ist zufolge sehr hilfreich im Privatleben und/oder Berufsleben.

Außerdem möchte ich noch einmal unterstreichen, was der Artikel schreibt, dass Philosophie ist bestenfalls ein schöner Zeitvertreib für Leute, die keine wirklichen Sorgen haben. Philosophen haben noch nie Antworten auf die wirklich drängenden Fragen der Menschheit gegeben; oft haben ihre Ideen sogar Hass, Verfolgung und Krieg ausgelöst oder unterstützt.

Es kommt nicht in Betracht, dass:

- Philosophie hat ihre Bedeutung in der heutigen modernen Welt verloren. Viele Menschen nehmen gutes Verhalten nicht im Praxis im Leben, und legen hohe Wert an Geld, Kraft, Ruhm. Rassismus, Intoleranz, Krieg, Hass, Vandalismus, Hunger, Armut, Hohe Aufeinander zwischen Reich und Arm ..usw sind häufiger geworden.
- Im Kontext des Alltagslebens: Der Verkäufer, der mit seinen Kunden einredet; die Sekretärin, die ein Diktat aufnimmt; der Abgeordnete, der die Paragrafen einer Gesetzesvorlage durchgeht...usw: Ich bezweifele, wo man die Philosophie, im Leben in Verwendung bringt.
- Obwohl Philosophie seit vielen Jahrzehnten existiert, seien immer noch keine konkrete, präzise Antworten der wirklichen Probleme z.B Respektlosigkeit zu Hause/Familie, Ausnutzung am Arbeitsplatz, Arbeitslosigkeit, Geldschulden, Scheidung mit der Liebe ...andere Probleme.. des Lebens gegeben. Daher ist Philosophie für viele bsds. die Junge Generation ein Zeitaufwand.

---

sich in Zweifel ziehen ->eine Begründung geben ->eine Meinung vertreten

---

Zum Nachdenken gebracht hat mich der dritte Punkt des Artikels, dass Philosophie dann nutzlos ist, wenn sie sich darauf beschränkt, die Gedanken der alten Denkschulen „wiederzukäuen": Sie kann aber entscheidende Impulse für den gesellschaftlichen, politischen und kulturellen Diskurs geben, wenn sie sich mit den wichtigsten Fragen der globalen Welt auseinandersetzt und aus ihrer Perspektive Vorschläge macht, wie man mit Hunger, Armut, Terrorismus und ideologischem Hass fertig werden kann.

Ich denke nämlich, dass

- es momentan genug Probleme für verschiedene Länder gäben. Einige Länder leiden an Krieg, einige an Wirtschaftskrise, Flüchtlingskrise, einige wegen der Terorristen Angriffen. Reiche Länder achten nicht auf Klimawandel. Es gäbe genug Umweltverschmutzung.. usw.. Klar ist, dass Länder neue Perspektiven für die Wohle der Gesellschaft suchen soll, um die heutige Probleme zu lösen.
- Ich bin der Ansicht, dass Philosophie stellt die Lösungen der heutigen Problemen dar. Man muss darüber konkret nachdenken, und durch die politischen und kulturellen Kooperation eine Lösung finden, wie man auf diese gemeinsame Probleme eingeht.
- Zudem ist man auch verpflichtet, dass man ein gutes Verhalten in der Gesellschaft hat. Philosophie wird sich diesen Weg zur Wohlfahrt, Entwicklung erleichtern.

Aus der Perspektive meines Heimatlandes möchte ich ergänzen, dass...............

Zusammenfassend möchte ich sagen, dass für............ beide Seiten notwendig sind: 1).................... 2) ....

Veränderungen im Verhalten der Geschlechter

Sie haben ein Artikel in der Zeitung "...." zum Thema " Veränderungen im Verhalten der Geschlechter gelesen und dazu äußern Ihre Meinung.

> ➤ *Nachdem Mädchen und Frauen über viele Jahrhunderte hinweg bei der Ausbildung, beim Ausüben eines Berufes, aber auch in vielen Bereichen des Alltagslebens benachteiligt wurden, haben sie heute einen hohen Grad an Gleichberechtigung erreicht. Das ist gut für die gesellschaftliche Entwicklung, da das Potenzial der Frauen damit endlich adäquat genutzt wird.*
>
> ➤ *Die spezielle Förderung von Mädchen, vor allem in der Schule, hat dazu geführt, dass Jungen heutzutage häufig als „Bildungsverlierer" dastehen. Es ist - bei allem berechtigten Streben nach Gleichberechtigung notwendig, dass auch Jungen geschlechtsspezifische Förderangebote erhalten.*
>
> ➤ *In erster Linie kommt es darauf an, dass wirkliche Gleichberechtigung von Männern und Frauen im Berufsalltag durchgesetzt wird. Noch immer ist es in den westlicher Staaten so, dass zwar viele Mädchen Abitur machen und ein Studium absolvieren, dennoch aber vergleichsweise selten in Führungspositionen aufsteigen. Außerdem werden Frauen nach wie vor schlechter bezahlt als Ihren männlichen Kollegen.*

Der Artikel „........." beleuchtet die Thematik vielschichtig und differenziert. In vielen Punkten bin ich mit dem Autor einverstanden. Dennoch möchte ich die Gelegenheit nutzen, und dazu meine Meinung äußern.

Veränderungen im Verhalten der Geschlechter ist ein wichtiges Thema, dass häufig in der gesellschaftlichen Diskussion bleibt.

Argument 1

Ich bin mit der ersten Aussage ihres Artikels einverstanden, dass im Gegensatz zu früher haben Frauen heute einen hohen Grad an Gleichberechtigung erreicht. Das ist gut für die gesellschaftliche Entwicklung, da das Potenzial der Frauen damit endlich adäquat genutzt wird.

Nach meiner Kenntnis möchte ich ergänzen, dass:

- es jetzt kein Lohnunterschied zwischen Frauen und Männern gibt.
- Echte Gleichstellung wartet immer noch auf Umsetzung, da Frauen immer noch den Großteil der unbezahlten Haus- und Familienarbeit erledigen und im Vergleich zu Männer wenig an die wirtschaftliche Entwicklung teilnehmen.
- Der starke Anstieg der Frauenerwerbstätigkeit at sich eine wichtige Rolle für das Wirtschaftswachstum, und die Sicherung und Nachhaltigkeit unserer Gesellschaft gespielt.
- Es ist aber auch anzunehmen, dass Frauen immer noch meistens die unbezahlte Haus- und Familienarbeit erledigen und im Vergleich zu Männer wenig an die wirtschaftliche Entwicklung teilnehmen. Z.b. wir haben immer noch wenige Frauen Politikerin, Führungsleiterin, Geschäftsfrauen, Ärztin ..usw

Argument 2

Außerdem möchte ich noch einmal unterstreichen, was der Artikel schreibt, dass Mädchen, vor allem in der Schule speziell gefördert sind. Es ist - bei allem berechtigten Streben nach Gleichberechtigung notwendig, dass auch Jungen geschlechtsspezifische Förderangebote erhalten.

Es kommt nicht in Betracht, dass:

16

- wir Männer viele Vorteile in der Gesellschaft und im Berufsleben genießen. Auch wenn Männer heute keine bessere Bildung und Ausbildung als Frauen erlangen, haben sie häufig einen deutlich besseren Berufseinstieg, höhere Löhnen und besseren Aufstiegschancen. Daher Mädchen, vor allem in der Schule speziell gefördert sein sollen, damit wir eine Gleichberechtigung haben.
- Ich stelle mich die Frage, warum es so Frauen an die wirtschaftliche, politische Entwicklung des Landes im Vergleich zu Männer so wenig teilnehmen, auch wenn sie sehr gut ausgebildet sind. Die Zahl der weiblichen Hochschulabsolventen immer noch zu hoch ist.
- Es ist aber nicht zu vergessen, dass Jmd. Vorzug geben/präferieren bezüglich Geschlecht, Caste, Hautfarbe ..usw versteht man als moralisches Unrecht.

---

sich in Zweifel ziehen ->eine Begründung geben ->eine Meinung vertreten

---

Zum Nachdenken gebracht hat mich der dritte Punkt des Artikels, obwohl viele Mädchen Abitur machen und ein Studium absolvieren, dennoch aber vergleichsweise steigen selten in Führungspositionen auf. Außerdem werden Frauen nach wie vor schlechter bezahlt als Ihre männlicher Kollegen.

Ich denke nämlich, dass

- frauen immer mehr Wert an die Familie und Kinder legen. Es kann ein Grund sein, dass sie trotz guter Ausbildung selten in Führungspositionen aufsteigen.
- Zudem muss man nicht vergessen, dass um beruflich aufzusteigen, muss man Eigenschaften wie Stressresistanz, Mobilität, Erreichbarkeit rund um die Uhr ..usw. entwickeln. Wegen der traditionellen Verteilung der Geschlechtrolle pendeln Männer häufig weit zu Hause z.B Geschäftsreise,

17

Jobwechsel ..usw. Auf die andere Seite ziehen Frauen wegen Familie, Kita, Schule der Kinder ..usw, in andere Städte nicht um.

- Ich meine, dass es völlig inakzeptabel ist, Frauen für die gleiche Aufgabe wenige zu bezahlen. Dafür sollen Abgeordneten Richtlinien zugunsten Frauen umsetzen lassen. Das ist die Ausgabe des Bundesamts, dass jeder eine gleichberechtigte Gesellschaft genießt.

Aus der Perspektive meines Heimatlandes möchte ich ergänzen, dass...............

Zusammenfassend möchte ich sagen, dass für............ beide Seiten notwendig sind: 1).................... 2) ....

Sie haben ein Artikel in der Zeitung "...." zum Thema " Rauchverbot in öffentlichen Gebäuden und Restaurants" gelesen und dazu äußern Ihre Meinung.

> ➤ *Das Rauchverbot ist zwar prinzipiell richtig, aber es sollte Ausnahmen geben, vor allem für Restaurants und Bars, in denen Rauchen ein Bestandteil der Geselligkeit ist. Wichtig ist lediglich, dass man aufeinander Rücksicht nimmt und niemanden mit dem Zigarettenrauch belästigt.*
> ➤ *Rauchverbot in der Öffentlichkeit sinnvoll und richtig ist, da es der Suchtprävention und der Verbesserung des Gesundheitszustandes dient, sowie Nichtraucher schützt. Deshalb sollte es konsequent auf alle nichtprivaten Bereiche ausgedehnt werden.*

Der Artikel „........." beleuchtet die Thematik vielschichtig und differenziert. In vielen Punkten bin ich mit dem Autor einverstanden. Dennoch möchte ich die Gelegenheit nutzen, und dazu meine Meinung äußern.

Rauchverbot in öffentlichen Gebäuden und Restaurants ist ein wichtiges Thema, was häufig in der gesellschaftlichen Diskussion bleibt.

Argument 1

Ich bin mit der ersten Aussage ihres Artikels einverstanden, dass Rauchverbot zwar prinzipiell richtig ist, aber es Ausnahmen geben sollte, vor allem für Restaurants und Bars, in denen Rauchen ein Bestandteil der Geselligkeit ist. Wichtig ist lediglich, dass man aufeinander Rücksicht nimmt und niemanden mit dem Zigarettenrauch belästigt.

Nach meiner Kenntnis möchte ich ergänzen, dass:

- das Rauchen überall einschließlich Restaurants, Bars nicht verboten sein soll. Fast jeder Restaurant, Bar hat Raucherzones, wo man rauchen kann, ohne die anderen Gäste zu stören.
- Selbstverständlich rauchen Leute nicht in öffentliche Gebäude, U–Bahn, Krankenhäuser.. usw. Trotzdem es gäben Menschen die inzwischen Arbeitspause rauchen; einige rauchen, um in das kalteswetter sich zu erwärmen; einige rauchen sich zu erholen...usw. Ohne genug Raucherzones, oder komplette Rauchverbot wird die Situation einfach sehr verschlechtern. Es wird für ihn die Gefühle der sozialen Begrenzung hervorrufen.
- Es ist aber nicht zu vergessen, dass für die Umsetzung solche Richtlinie behält das Bundesamt ältere Menschen, Frauen, Kinder im Auge. Um eine gesunde Gesellschaft sicherzustellen sind solche Maßnahmen erforderlich sind.

Argument 2

Außerdem möchte ich noch einmal unterstreichen, was der Artikel schreibt, dass das Rauchverbot in der Öffentlichkeit sinnvoll und richtig ist, da es der Suchtprävention und der Verbesserung des Gesundheitszustandes dient, sowie Nichtraucher schützt. Deshalb sollte es konsequent auf alle nichtprivaten Bereiche ausgedehnt werden.

Es kommt nicht in Betracht, dass:

- Ein Großteil der Raucher, das Verbot für gut hält, weil sie dadurch weniger rauchen. Die Mehrheit der Raucher möchte mit dem Rauchen aufhören. Als Motivation würden Leute auch in Restaurants, Bars nicht rauchen.

- Rauchen Leute in der Öffentlichkeit nicht, dann wird es eine allgemeine Denkweise inzwischen Kinder, Junge entwickeln, wie schlimm rauchen ist. Sie können die Folgen von Rauchen Bescheid wissen. Das zufolge sehr vorteilhaft für die nächste Generation ist.
- Die Maßnahme wird sich die Gesellschaft zweiteilig belohnen: Erstens: seltene Anforderungen, und Verkauf von Tabaken; Zweitens: wenige rauchen bezogene Krankheiten z.B Asthma.

---

sich in Zweifel ziehen ->eine Begründung geben ->eine Meinung vertreten

---

Zum Nachdenken gebracht hat mich der dritte Punkt des Artikels, dass

Ich denke nämlich

Aus der Perspektive meines Heimatlandes möchte ich ergänzen, dass..............

Zusammenfassend möchte ich sagen, dass für............ beide Seiten notwendig sind: 1)................... 2) ....

"Einfach mal abschalten ... " - Fluch und Segen der ständigen Erreichbarkeit

*Sie haben ein Artikel in der Zeitung ".…" zum Thema "Einfach mal abschalten ... " -
Fluch und Segen der ständigen Erreichbarkeit gelesen und dazu äußern Ihre Meinung.*

> ➤ *Für Menschen, die in der modernen Welt zurechtkommen wollen, ist es ein
>   „Muss", mittels der Produkte der Technologiefirmen vernetzt zu sein und mit
>   anderen zu kommunizieren. Nicht erreichbar zu sein, kann man sich gar nicht
>   mehr leisten. Gerade für jüngere Menschen ist es unverzichtbar, sich permanent
>   über neue Medien auf dem Laufenden zu halten. Dass Arbeit und Privatleben
>   nicht mehr so klar voneinander getrennt sind wie früher, muss man dabei
>   einfach in Kauf nehmen..*
> ➤ *Die Vorteile der modernen Kommunikationsmöglichkeiten liegen klar auf der
>   Hand. Mobile Arbeit wird dadurch erst möglich. Von überall auf der Welt kann
>   jeder Mitarbeiter im Handumdrehen auf alle benötigten Informationen aus dem
>   Server zugreifen oder mündlich bei der Sekretärin vor Ort Daten abfragen.
>   Andererseits ist der Mitarbeiter selbst auch rund um die Uhr erreichbar, und
>   zwar nicht nur, wenn er sich gerade auf Geschäftsreise befindet.*

**Der Artikel „………" beleuchtet die Thematik vielschichtig und
differenziert. In vielen Punkten bin ich mit dem Autor einverstanden. Dennoch
möchte ich die Gelegenheit nutzen, und dazu meine Meinung äußern.**

"Einfach mal abschalten ... " - Fluch und Segen der ständigen Erreichbarkeit ist ein
wichtiges Thema, dass häufig in der gesellschaftlichen Diskussion bleibt.

Argument 1

Ich bin mit der ersten Aussage ihres Artikels einverstanden, dass für
Menschen, ist es sehr wichtig vernetzt zu sein und mit anderen zu kommunizieren.

Unerreichbarkeit kann man nicht mehr leisten. Gerade für jüngere Menschen ist es unverzichtbar, sich permanent über neue Medien auf dem Laufenden zu halten.

Nach meiner Kenntnis möchte ich ergänzen, dass:

- In der heutigen globalisierten Zeit konkurrieren Menschen mit sich einander. Ist egal ob es man ein Student ist, bei einer Firma arbeitet, ein Geschäft leitet ..usw. Man ist gezwungen stetig auf dem Laufenden zu halten. Daher spielen diese Vernetzung, Kommunikation eine wichtige Rolle.
- Erreichbarkeit ruft ein Gefühl des Bewusstseins, Vertrauenswürdigkeit hervor. Instanzen der Erreichbarkeit wären z.B. – Professur/Klassenkameraden während Klausuren, Mitarbeiter in Fall der Eskalation in eine Projekt, Kunden, Lebensgefährtin, Eltern, Chef ....usw. Tatsache ist, dass man mit Laufe der Zeit für viele Dinge (Familie, Arbeit, soziale Arbeit..usw) verantwortlich ist. Daher muss man jede Herausforderung begegnen, und jede Missverständnisse verhindern. Das ist meist durch die Erreichbarkeit und Kommunikation möglich.
- Es ist eine Eigenschaft wie Flexibilität, Mobilität ...usw was viele Arbeitgeber an ihren Arbeitnehmen erwünschen und schätzen. Es steht außer Zweifel, dass es eine wichtige Eigenschaft der meistenen Firmenleiter ist.
- Oft stelle ich mich die Frage, ob die Erreichbarkeit in der heutigen Zeit der Technologie, wo jeder ein Smartphone hat, wirklich so schwer ist. Denn in der heutigen Zeit man nicht viel bemühen muss. Man kann leicht zu Hause arbeiten, eine Aufgabe/Meetings direkt per Smartphones erledigen. Daher ist Erreichbarkeit, Kommunikation, Vernetzung kein fremdes Wort in der heutigen globalisierten Welt.

Argument 2

23

Außerdem möchte ich noch einmal unterstreichen, was der Artikel schreibt, dass die ständige Erreichbarkeit und die Herausforderungen des Multitaskings, also des parallelen Ausübens verschiedener Tätigkeiten, große gesundheitliche Gefahren birgt. Empfehlenswert ist im Privatleben Handy und Computer zu vermeiden.

Es kommt nicht in Betracht, dass:

- rund um die Uhr Erreichbarkeit negative gesundheitliche Auswirkungen führt. Man leidet an Stress, Depressivität, Panik, Schlafstörungen, geistliche Belastungen...usw. Zudem können viele Menschen eine gesunde Work-Life Balance nicht halten, da geben sie mehr Wert an das Berufsleben (und nicht Privatleben).
- Berufstätige, die auch nach der regulären Arbeitszeit noch für ihren Chef erreichbar sind, schlafen häufig schlecht. Sie können in ihrer Freizeit nicht erholen, nicht genug schlafen, und immer noch über ihre Arbeit Gedanken machen. Die direkte berufliche Belastung während der Arbeitszeit geht also nach Feierabend. Man ist endlich in einem Teufelskreis gefangen.
- Darf man beim Autofahren, Handy nutzen? Kann man beim Musik hören, studieren/auf eine Aufgabe konzentrieren? Ich bezweifele das. Man braucht sicherlich seine eigene Ruhe. Man kann hierzu parallele Tätigkeiten nicht gleichzeitig ausüben. So was sollen Arbeitgeber auch verstehen, und ihre Arbeitnehmer nicht durch ständige Erreichbarkeit und Multitasking belasten.

sich in Zweifel ziehen ->eine Begründung geben ->eine Meinung vertreten

Zum Nachdenken gebracht hat mich der dritte Punkt des Artikels, dass

Ich denke nämlich

Aus der Perspektive meines Heimatlandes möchte ich ergänzen, dass..............

Zusammenfassend möchte ich sagen, dass für............ **beide Seiten notwendig sind: 1)**.................... **2)** ....

Alkoholmißbrauch - Jugend

Sie haben in der Zeitung "...." zum Thema "Alkoholmißbrauch - Jugend " gelesen und dazu äußern Ihre Meinung.

> ➤ *Gestiegene Anzahl der Jungendliche wegen Alkoholmißbrauchs -> ernstes Problem*
> ➤ *Grund-gestörte Familienverhältnis und Autoritätsverlust bei Eltern*
> ➤ *Rolle der Politik->Problem in Griff nehmen, z.B Verbot-Aloholimmischgetränke*

Der Artikel „........." beleuchtet die Thematik vielschichtig und differenziert. In vielen Punkten bin ich mit dem Autor einverstanden. Dennoch möchte ich die Gelegenheit nutzen, einige Aspekte aus einer anderen Perspektive darzustellen.

Alkoholmißbrauch - Jugend ist ein wichtiges Thema, was häufig in der gesellschaftlichen Diskussion bleibt.

Argument I

Ich bin mit der ersten Aussage ihres Artikels einverstanden, dass gestiegene Alkoholkonsum der Jugendlichen eines ernten Problems ist.

Nach meiner Kenntnis möchte ich ergänzen, dass:

- Jedes Jahr wurden tausende Jugendliche im Krankenhaus behandelt. Die wesentliche Ursache hierfür sind: Erstens: die Alkoholvergiftung, zweitens: Unfälle im Zusammenhang mit dem Alkoholmißbrauch.
- Es steht außer Zweifel, dass übermäßiger Alkoholmißbrauch könne entweder zur Bewusstlosigkeit oder schneller Reaktion führen. Zudem ist die ausgewirkte niedrige Blutdruck nachdem unbegrenzten Alkoholkonsum lebensgefährlich.

- Gesetze bezüglich Alkoholkonsum für den Bürger schon klar und konkret vorgeschrieben sind z.B verbotener Alkoholkonsum beim Autofahren, neben Krankenhäuser, Gemeinde, öffentliche Veranstaltungen und Verkauf von Alkohol auf Autobahn ....usw. Trotzdem verstoßen Jugend diese Regelungen, und konsumieren Alkohol während Autofahren, in öffentliche Veranstaltungen..usw. Klar ist, dass Alkoholkonsum ein ernstes Problem der Gesellschaft ist.

Argument 2

Außerdem möchte ich noch einmal unterstreichen, was der Artikel schreibt, dass die gestörte Familienverhältnisse, oder den Autoritätsverlust sind die wesentliche Gründe für den Jugendalkoholismus.

Es kommt nicht in Betracht, dass:

- Die Elternteile, die häufig Alkohol trinken, und sich miteinander streiten, entwickeln schließlich eine schlechte Umgebung zu Hause, was zufolge lässt sich Jugend von der elterlichen Kontrolle entziehen, und mithilfe des Alkohols versuchen ihre peinliche Situation, Stress abzubauen.
- Durch Alkoholkonsum demonstrieren Jugend das Erwachsen sein und Unabhängigkeit. Sie wollen unbedingt Abstand von Eltern halten. Aber bisher es keine Studie/Mitteilung angegeben ist, was beweist, dass Jugendalkoholismus direkt mit den gestörten Familienverhältnissen verbindlich ist.

sich in Zweifel ziehen ->eine Begründung geben ->eine Meinung vertreten

Zum Nachdenken gebracht hat mich der dritte Punkt des Artikels, welche Rolle Politiker hierzu spielen, um Alkoholkonsum zu reduzieren.

Ich denke nämlich, dass

- noch intensiven Lobbyarbeit gegen die Alkoholindustrie, und gegen Alkoholkonsum erforderlich ist. Maßnahme wie die Erhöhung des Strafgeldes gegen die Täter, Führerscheinentzug, Kurztherapie für die Alkohole, Verbot des Alkoholverkaufs an Minderjährige..usw.

Aus der Perspektive meines Heimatlandes möchte ich ergänzen, dass...............

Zusammenfassend möchte ich sagen, dass für............ beide Seiten notwendig sind:
1)................... 2) ....

Wehrpflicht oder Freiwilligenarmee?

Sie haben ein Artikel in der Zeitung ".…" zumThema "Wehrpflicht oder Freiwilligenarmee?" gelesen und dazu äußern Ihre Meinung.

> ➤ *Die allgemeine Wehrpflicht ist ein wertvolles Gut, da sie für Gerechtigkeit sorgt und alle jungen Männer, unabhängig von ihrer sozialen Herkunft, zu einem Beitrag für das Wohl des Staates verpflchtet.*
> ➤ *Eine Armee aus Wehrpflichtigen ist nicht mehr zeitgemäß. Um die miltärischen Aufgaben der Gegenwart erfüllen zu können, braucht es eine Berufsarmee aus gut ausgebildeten Spezialiten.*

Der Artikel „………" beleuchtet die Thematik vielschichtig und differenziert. In vielen Punkten bin ich mit dem Autor einverstanden. Dennoch möchte ich die Gelegenheit nutzen, und dazu meine Meinung äußern.

Wehrpflicht oder Freiwilligenarmee? ist ein wichtiges Thema, was häufig in der gesellschaftlichen Diskussion bleibt.

Argument 1

Ich bin mit der ersten Aussage ihres Artikels einverstanden, dass die allgemeine Wehrpflicht ein wertvolles Gut ist, da sie für Gerechtigkeit sorgt und alle jungen Männer, für das Wohl des Staates ihre Beträge leisten lassen.

Nach meiner Kenntnis möchte ich ergänzen, dass:

- Bürger bereit sind, die Verantwortung für die Sicherheit des Staats zu übernehmen. In den letzten Jahrzehnten haben Millionen junge Männer in der Bundeswehr ihren Dienst geleistet. In Länder wie Schweiz, ist

Wehrpflicht ein großer Erfolg. Nicht nur die Sicherheit, sondern auch müssen sie nicht Geld für das Einkaufen von kostspieligen Waffensystem, Training der Soldaten ablegen.

- Über die Wehrpflicht bleibt die Bundeswehr in engem Kontakt mit der gesamten Bevölkerung, vor allem mit der jungen Generation. Damit hat sich die Bundeswehr das Bewusstsein der Bevölkerung verankert. Es besteht wirklich keine Konflikte inzwischen Armee und die Bevölkerung. Leute wollen unbedingt eine demokratische Gesellschaft, und nicht die Armee kontrollierte Gesellschaft.

- Die Wehrpflicht erfasst die männlichen Bürger, unabhängig von Herkunft, Beruf, Bildung, Hautfarbe..usw. Das verhindert irgendeine soziale Ungleichheit, was in der heutigen Zeit ein riesiges Problem ist. Alle Leute sind die Gleiche.

Argument 2

Außerdem möchte ich noch einmal unterstreichen, was der Artikel schreibt, dass eine Armee aus Wehrpflichtigen nicht mehr zeitgemäß ist. Um die militärischen Aufgaben der Gegenwart erfüllen zu können, braucht es eine Berufsarmee aus gut ausgebildeten Spezialisten.

Es kommt nicht in Betracht, dass:

- In der Zukunft die Aufgaben der Soldaten wird sich nicht nur zu der Sicherheit der Gesellschaft begrenzen z.B internationale Hilfe in fremden Länder, der Spion, das Betreiben von komplizierten Waffensystemen, Flügjets..usw. Daher eine größere Professionalität, mehrere Training für die Soldaten notwendig ist. Dies ist mit kurzzeitig dienenden Wehrpflichtigen nicht zu gewährleisten.

- Es gäbe insgesamt 28 Mitgliedsstaaten im NATO, in denen nur vier Staaten (Estland, Griechenland, Norwegen und die Türkei) an der

Wehrpflicht festhalten. In Dänemark ist die Wehrpflicht außer Kraft getreten. Daher kann man erkennen, dass Wehrpflicht nicht viel beliebt ist.

---

sich in Zweifel ziehen ->eine Begründung geben ->eine Meinung vertreten

---

Zum Nachdenken gebracht hat mich der dritte Punkt des Artikels, dass

Ich denke nämlich

Aus der Perspektive meines Heimatlandes möchte ich ergänzen, dass...............

Zusammenfassend möchte ich sagen, dass für........... **beide Seiten notwendig sind: 1)**.................... **2)** ....

Pro und contra direkte Demokratie

Sie haben ein Artikel in der Zeitung "...." zum Thema "Die "Wutbürger" - Pro und contra direkte Demokratie" gelesen und dazu äußern Ihre Meinung.

> ➤ *Viele gewählte Palamentarier haben den Blick für die Realität und für die Anliegen der "kleinen Leute" verloren. Sie betreiben Partei- und Lobbypolitik. Daher ist es gut, dass es immer mehr Wutbürger gibt - Menschen, die sich für eine direkte Beteiligung der Bevölkerung an politischen Prozessen engagieren.*
> ➤ *Bürgerentscheide und andere Formen der direkten Demokratie sind aufwendig und teuer und verlangsamen Entscheidungsfindungen. Außerdem gefährden sie das bewährte Prinzip der repräsentativen Demokratie.*
> ➤ *Die Gesellschaft wandelt sich immer schneller und immer umfassender. Deswegen ist es wichtig, auch neue Formen der demokratischen Meinungsbildung zu entwickeln.*

Der Artikel „........." beleuchtet die Thematik vielschichtig und differenziert. In vielen Punkten bin ich mit dem Autor einverstanden. Dennoch möchte ich die Gelegenheit nutzen, und dazu meine Meinung äußern.

Die "Wutbürger" - Pro und contra direkte Demokratie ist ein wichtiges Thema, was häufig in der gesellschaftlichen Diskussion bleibt.

Argument 1

Ich bin mit der ersten Aussage ihres Artikels einverstanden, dass Wutbürger für eine direkte Beteiligung der Bevölkerung an politischen Prozessen engagieren sollen, da Politiker häufig Bürger nicht ernst nehmen.

Nach meiner Kenntnis möchte ich ergänzen, dass

- viele Menschen sich mehr für Politik interessieren. Durch direkte Demokratie informieren sie sich über die gesellschaftliche Geschehen, und aktiv an die politische Entscheidungen teilnehmen. Daher sind sie auch ein Teil der gesellschaftlichen Veränderungen gewesen.

- Direkte Demokratie ermöglicht es kleinen Parteien, Interessengruppen oder neuen sozialen Bewegungen, von der politischen vernachlässigte Themen wie Demografische Wandel, Erhebung des Rentenalters... usw, auf die politische Tagesordnung zu bringen.

- Wegen der direkten Demokratie würden Politiker die Bürger ernst nehmen, und sie im Bundesamt besser vertreten. Nachdem der Abgeordnet im Bundesamt die Wünsche der Bürger im Bundesamt Parlament vertretet, wird es nach der Meinung direkt vom Publikum aufgefordert. Zur Folge wird das Gesetz sofortig, ohne Mühe verabschieden.

Argument 2

Außerdem möchte ich noch einmal unterstreichen, was der Artikel schreibt, dass Bürgerentscheide und andere Formen der direkten Demokratie aufwendig und teuer sind, und Entscheidungsfindungen verlangsamen.

Es kommt nicht in Betracht, dass:

- Für die individuelle Entscheidung durch direkte Demokratie wird nicht nur erhebliche Kosten verursachen, sondern auch verzögert es auch den politischen Prozess, was zu viele unerwünscht ist. Kosten wäre hauptsächlich Wahlurne, Vermittlung der Personal, Werbungen, Vereinbarung des Wahlorts..usw.

- Medien kann hierzu eine entscheidende Rolle spielen. Medien Misstrauen, Hass gegenüber den Politiker tragen, was zufolge das Image von besprochenen Person, beschädigen, und eine falsche Entscheidung treffen lässt.

- Die Legitimation direkt-demokratischer Entscheidungen kann man infrage stellen, wenn wenige Menschen an einem Wahl beteiligen. Aus diesem Grund stelle ich mich die Frage: warum so viel Geld und Zeit dafür investieren.

---

sich in Zweifel ziehen ->eine Begründung geben ->eine Meinung vertreten

---

Zum Nachdenken gebracht hat mich der dritte Punkt des Artikels, dass die Gesellschaft sich schneller wandelt. Deswegen ist es wichtig, auch neue Formen der demokratischen Meinungsbildung zu entwickeln.

Ich denke nämlich, dass

- Die Regierung, Medien verpflichtet ist, dass mehrere Bürger ein gutes politische Wissen haben, und aktiv daran teilnehmen.
- Als neue Formen, kann man eine Online Umfrage, die die Meinung über den verschiedenen Parteien versammelt, einführen. Es ist so, weil heutzutage immer mehr Menschen Internet verwenden.
- Die Weiterleitung von "Fake News" müssen soziale Medien z.B Whatsapp, Facebook...usw, nicht außer Acht lassen.
- Das Bundesamt soll berücksichtigen, dass direkte Demokratie vor allem dem Gemeinwohl und nicht nur einzelnen Interessen verwendet wird.

Aus der Perspektive meines Heimatlandes möchte ich ergänzen, dass...............

Zusammenfassend möchte ich sagen, dass für............ beide Seiten notwendig sind: 1).................. 2) ....

Frauenquote in Unternehmen

Sie haben ein Artikel in der Zeitung "...." zum Thema "Frauenquote in Unternehmen"
gelesen und dazu äußern Ihre Meinung.

- ➢ *Frauen in Führungspositionen immer noch unterrepäsentiert. Umstand nicht*
  begründet, und muss geändert werden.
- ➢ *Politik hat die Aufgabe, durchgesetzliche Frauenquote für mehr*
  Chancegleichheit zu sorgen
- ➢ *Vorgeschriebene Quoten bringt nichts. Unternehmen muss Anteil der Frauen*
  erhöhen.

Der Artikel „........." beleuchtet die Thematik vielschichtig und differenziert. In vielen Punkten bin ich mit dem Autor einverstanden. Dennoch möchte ich die Gelegenheit nutzen, und dazu meine Meinung äußern.

Frauenquoten in Unternehmen ist ein wichtiges Thema, was häufig in der politischen Diskussion bleibt.

Argument 1

Ich bin mit der ersten Aussage ihres Artikels einverstanden, dass Frauen in Führungspositionen immer noch unterrepäsentiert sind.

Nach meiner Kenntnis möchte ich ergänzen, dass:

- konservativen Ansichten über Rolle und Aufgabe von Frauen und Männern immer noch bestehen. Woher die Frauen für die soziale Gerechtigkeit oder wissenschaftliche Arbeit nicht viel beitragen, und meistens um die Familie und Kinder berücksichtigen. Zudem präferieren die Frauen weibliche Berufe z.B Lehrerin, Krankenschwester, Sekretärin, Pflegerin ...usw als Karriere. Aus diesem Grund sind die Frauen in Führungspositionen in Unternehmen immer noch unterrepäsentiert sind.

- Zudem existiert immernoch Lohndiskriminierung in einige Länder, was auch sehr ungerecht angesehen ist.

Argument 2

Außerdem möchte ich noch einmal unterstreichen, was der Artikel schreibt, dass Politik die Aufgabe hat, durch gesetzliche Frauenquote für mehr Chancengleichheit zu sorgen.

Es kommt nicht in Betracht, dass:

- Das Gesetz, um die gleichberechtigte Teilhabe von Frauen und Männern an Führungspositionen in der Privatwirtschaft und im öffentlichen Dienst, wurde schon in Kraft getreten. Die Frauenquote wirkt. Es gibt jetzt mehr Frauen in Führungspositionen in Vergleich zu den letzten Jahrzehnten.
- Die Mehrheit der Hochschulabsolventen sind heute weiblich. Trotzdem ist in Politik unerklärbar, warum Frauen nach einer guten abgeschlossenen Ausbildung eine sehr wenige Führungspositionen der deutschen Wirtschaft besitzen.

sich in Zweifel ziehen ->eine Begründung geben ->eine Meinung vertreten

Zum Nachdenken gebracht hat mich der dritte Punkt des Artikels, dass vorgeschriebene Quoten nichts bringt. Unternehmen muss Anteil der Frauen erhöhen.

Ich denke nämlich, dass

- immer noch die wenigsten Unternehmen erfolgreiche Frauen als Rollenvorbilder präsentieren.

- Unternehmen sollten eine neue Kultur der Selbstverständlichkeit von Familie und Beruf einführen und Interesse der Frauen Transparenz machen. Unternehmen sollen daher Anstrengungen unternehmen, um den Teilhabe der Frauen an die Führungspositionen weiter zu erhöhen.

Aus der Perspektive meines Heimatlandes möchte ich ergänzen, dass...............

Zusammenfassend möchte ich sagen, dass für............ beide Seiten notwendig sind: 1).................... 2) ....

Auswanderung in der heutigen Zeit

Sie haben ein Artikel in der Zeitung ".…" zum Thema "Auswanderung in der heutigen Zeit" gelesen und dazu äußern Ihre Meinung.

➤ *Gründe für die Auswanderung*
➤ ■■■

Der Artikel „………" beleuchtet die Thematik vielschichtig und differenziert. In vielen Punkten bin ich mit dem Autor einverstanden. Dennoch möchte ich die Gelegenheit nutzen, und dazu meine Meinung äußern.

Auswanderung ist ein wichtiges Thema, was häufig in der gesellschaftlichen Diskussion umstritten bleibt.

Argument 1

Ich bin mit der ersten Aussage ihres Artikels einverstanden, dass es wesentliche Gründe gäben, die die Menschen vorantreiben, ihr Heimatland dauerhaft zu verlassen.

Die wesentliche Gründe hierfür sind:

- drohende Arbeitslosigkeit und das Gefühl der Perspektivlosigkeit.
- Die ausgelöste Bürgerkrieg vor einiger Zeit in Syria, Iraq und einige Länder haben die Leute gezwungen, ihre Länder zu verlassen.
- Es gibt natürlich auch persönliche Motive, die Heimat zu verlassen: die Liebe, die Abenteuerlust, die Sehnsucht nach besserem Wetter oder nach einem ruhigeren Leben.

- Sprichwort "The grass is always green on the other side" – ein Sehnsucht etwas fremd, interessanter erleben zu können.

Argument 2

Außerdem möchte ich noch einmal unterstreichen, was der Artikel schreibt, dass.

....

---

sich in Zweifel ziehen ->eine Begründung geben ->eine Meinung vertreten

---

Zum Nachdenken gebracht hat mich der dritte Punkt des Artikels:

....

Aus der Perspektive meines Heimatlandes möchte ich ergänzen, dass...............

Zusammenfassend möchte ich sagen, dass für............ beide Seiten notwendig sind: 1).................... 2) ....

Demografischer Wandel in Deutschland

Sie haben ein Artikel in der Zeitung "...." zum Thema "Demografischer Wandel in Deutschland" gelesen und dazu äußern Ihre Meinung.

> ➤ *Der Wandel der Alterstruktur der Bevölkerungist die größte Herausforderung für Politik und Gesellschaft in Deutschland.*
> ➤ *Das Bewusstsein der Verbracher soll verändert sein, und sie von ihm gekauften Lebensmittel gut informiert sein und bewusste Kaufentscheidungen trifft.*

Der Artikel „........." beleuchtet die Thematik vielschichtig und differenziert. In vielen Punkten bin ich mit dem Autor einverstanden. Dennoch möchte ich die Gelegenheit nutzen, und dazu meine Meinung äußern.

Demografischer Wandel in Deutschland ist ein wichtiges Thema, was häufig in der gesellschaftlichen Diskussion umstritten bleibt.

Argument 1

Ich bin mit der ersten Aussage ihres Artikels einverstanden, dass der Wandel der Altersstruktur der Bevölkerung eine größte Herausforderung für Politik und Gesellschaft in Deutschland ist.

Nach meiner Kenntnis möchte ich ergänzen, dass:

- Die Deutschen werden immer älter. Es werden zu wenig Kinder geboren. Und ruiniert die Sozialsysteme. Dieser demografische Wandel nehmen die Deutschen zunehmend als Risiko wahr - und richten sich darauf ein, länger daran zu arbeiten.

- Die Regierung geht davon aus, dass mehr Einwanderer und Kinder die Bevölkerungszahl stabilisieren. Ein großes Risiko bleibt aber bestehen. Das Thema hat bei den Bürgern Ängste hervorgerufen.

Argument 2

Außerdem möchte ich noch einmal unterstreichen, was der Artikel schreibt, dass um die Überalterung entgegenzuwirken, eine kinderfreundliche Gesellschaft geschafft werden muss.

Es kommt nicht in Betracht, dass

- Deutschland eine die niedrigste Geburtenrate der Welt hat. Frauen bekommen Kinder immer später. Deutschland müsse jetzt Strategien für die erhöhte Geburtenrate entwickeln z.B kostenlose pädagogischen Betreuung von Kinder, mehrere Jobmöglichkeiten zu Mütter. Betreuungsangebot für Kleinkinder (Kitas) noch besser machen. Zudem soll die Gesellschaft mehr Priorität an die Familie und Kindergeburt legen.
- Der Jugendanteil ist gesunken und der der Rentner hat sich mehr als verdreifacht. Trotzdem erhöhte sich die Produktivität ständig, und der Sozialstaat wurde auch nicht abgebaut.

---

sich in Zweifel ziehen ->eine Begründung geben ->eine Meinung vertreten

---

Zum Nachdenken gebracht hat mich der dritte Punkt des Artikels, dass die negative Bevölkerungsentwicklung auf Dauer nur durch Zuwanderung nicht ausgeglichen werden kann.

Ich denke nämlich, dass

- es in Deutschland viele qualifizierten Einwanderer gäbe, die zu Wirtschaftswachstum beitragen, und für die Rentenkasse bezahlen. Um die Produktivität ständig zu erhöhen, ist die Migration sehr wichtig.

- Allerdings ziehe ich mich in Zweifel, ob wir Migration auf Dauer die Zukunft der sozialen Sicherungssysteme berücksichtigen können.

- Die Einbürger beklagen, dass Zuwanderung Probleme z.B Lohnminderung, verschlechterte Beschäftigungsbedingungen ...usw, auf dem Arbeitsmarkt verschärft. Viele wollen mit den Einbürgern einfach nicht integrieren.

Aus der Perspektive meines Heimatlandes möchte ich ergänzen, dass...............

Zusammenfassend möchte ich sagen, dass für............ beide Seiten notwendig sind: 1).................... 2) ....

Neuer Patriotismus in Deutschland

Sie haben ein Artikel in der Zeitung "...." zum Thema "Neuer Patriotismus in Deutschland" gelesen und dazu äußern Ihre Meinung.

➢ *Deutschen, die Verbundenheit mit ihrer Nation offen zum Ausdruck bringen, so wie es andere Völker auch tun.*
➢ *Aufgrund national-sozialistischen Vergangenheit, sollte man sehr zurückhaltend mit patriotischen Äußerungen sein.*

Der Artikel „........." beleuchtet die Thematik vielschichtig und differenziert. In vielen Punkten bin ich mit dem Autor einverstanden. Dennoch möchte ich die Gelegenheit nutzen, und dazu meine Meinung äußern.

Patriotismus in Deutschland ist ein wichtiges Thema, was häufig in der gesellschaftlichen Diskussion bleibt.

Argument 1

Ich bin mit der ersten Aussage ihres Artikels einverstanden, dass Deutschen, die Verbundenheit mit ihrer Nation offen zum Ausdruck bringen sollten.

Nach meiner Kenntnis möchte ich ergänzen, dass:

• es ganz natürlich ist, das eigene Volk und das Vaterland, in dem man beheimatet ist, zu lieben. Ein Patriot ist nur für die berechtigte Sorge für das Wohlergehen seines Vaterlandes. Im neuen deutschen Patriotismus offenbart sich der Stolz auf das eigene Heimatland, ohne sich mit Nationalismus und Chauvinismus zu verwechseln.

- Viele Patrioten setzen sie sich ein, nicht nur für sich selbst, sondern für die Gemeinschaft und die nachfolgenden Generationen. Sie haben Heimatliebe. Es besteht eine Zuneigung von Sprache, Umfeld. Die Bräuche und Traditionen, die Bilder und die Lieder, die man im Herzen trägt, wenn man in der Ferne an die Heimat denkt.

Argument 2

Außerdem möchte ich noch einmal unterstreichen, was der Artikel schreibt, dass aufgrund nationalsozialistischer Vergangenheit, sollte man sehr zurückhaltend mit patriotischen Äußerungen sein.

Es kommt nicht in Betracht, dass

- Aufgrund nationalsozialistischer Vergangenheit finde ich das nicht schlecht, wenn Menschen manchmal sehr zurückhaltend ihre patriotische Ideologie befolgen. Wichtig ist, dass Partiotisten die Angehörige anderer Nationen weder geringgeschätzten noch abgewerten.
- Patriotisten können solidarisch mit Zugewanderten und Einwandernden vereinen, und dadurch eine regionale Integration anstreben.

---

sich in Zweifel ziehen ->eine Begründung geben ->eine Meinung vertreten

---

Zum Nachdenken gebracht hat mich der dritte Punkt des Artikels,

....

Aus der Perspektive meines Heimatlandes möchte ich ergänzen, dass...............

Zusammenfassend möchte ich sagen, dass für............ beide Seiten notwendig sind: 1)..................... 2) ....

Einwanderung in die Europäische Union - Wie gelingt Integration?

Sie haben ein Artikel in der Zeitung "...." zum Thema "Einwanderung in die Europäische Union - Wie gelingt Integration?" gelesen und dazu äußern Ihre Meinung.

> ➢ *Asyl- und Migrationspolitik lag in der Verantwortung der einzelnen Staaten. Seit Mitte der neunziger Jahre arbeiten die Länder der Union eng zusammen und versuchen einheitliche Richtlinien durchzusetzen, weil die Bedeutung des Themas mehr und mehr wächst.*
> ➢ *Wenn es um Behandlung von Asylsuchenden und illegalen Flüchtlinge geht, kommt es darauf an, die Sicherheitsinteressen der europäischen Länder ebenso zu berücksichtigen wie die Grundrecht der Flüchtlinge.*
> ➢ *Die Bevölkerung vieler Staaten in der EU nimmt ab. Daher ist Europa langfristig auf Zuwanderer angewiesen. Vorallem wenn es um gut ausgebildete Fachleute gibt, steht man in einem Wettbewerb mit anderen Regionen, besonders mit den USA.*

Der Artikel „........." beleuchtet die Thematik vielschichtig und differenziert. In vielen Punkten bin ich mit dem Autor einverstanden. Dennoch möchte ich die Gelegenheit nutzen, und dazu meine Meinung äußern.

Einwanderung in die EuropäischeUnion isteinwichtigesThema in der Gesellschaft, das häufigin der politischen Diskussion bleibt.

Argument 1

Ich bin mit der ersten Aussage ihres Artikels einverstanden, dass Asyl- und Migrationspolitik in der Verantwortung der einzelnen Staaten lag. Seit lange arbeiten die Länder der Union eng zusammen und versuchen einheitliche Richtlinien durchzusetzen, weil die Bedeutung des Themas mehr und mehr wächst.

Nach meiner Kenntnis möchte ich ergänzen, dass:

- Regeln der Asylverfahren sind seit lange von Mitgliedstaaten der EU eindeutig formuliert und befolgt. Mitgliedstaaten der EU haben sich in diese Krise vereint. Das Asylverfahren ist faire und schnelle geworden, damit Schutzsuchende wissen, ob sie in Europa Land bleiben dürfen oder nicht. Die Tat, um die Flüchtlinge eine sichere Unterbringung, mit anderen Perspektiven wie Arbeit, Sozial-Interaktion.. usw anzubieten, ist weltweit sehr geschätzt.
- Weil die Bedeutung des Themas mehr und mehr wächst, haben die Mitgliedstaaten klar und konkret Aktionspläne, um Flüchtlinge zu verhelfen, umgesetzt z.B Dublin-Verordnung, und Quotenregelung für die Umverteilung von Flüchtlingen beide erfolgreich implementiert sind.
- Besonders ist es eine Entlastung für die Staaten wie Italien und Griechenland.

Argument 2

Außerdem möchte ich noch einmal unterstreichen, was der Artikel schreibt, dass wenn es um Behandlung von Asylsuchenden und illegalen Flüchtlinge geht, kommt es darauf an, die Sicherheitsinteressen der europäischen Länder ebenso zu berücksichtigen wie das Grundrecht der Flüchtlingen.

Es kommt nicht in Betracht, dass

- internationaler Terrorismus mit der illegalen Einwanderung verbunden ist. Aus humanitären Gründen nutzen illegale Flüchtlinge die Richtlinie der Asylpolitik in Europa aus, und in europäische Länderansiedeln, was eventuell gegen die Sicherheitsinteressen der europäischen Länder ist.
- die illegale Flüchtlinge würden weiterhin ihre extremistischen Ideen verbreiten, was endlich zu Hass und hohe Kriminalität in Europa führen.

47

- Es ist auch anzunehmen, dass die extremistische Mentalität, Kriminalitätsrate alleine in Deutschland nach der Flüchtlingekrise verdreifacht hat, die die Bürger meist beängstigen. Daher ist es eine Aufgabe des Bundesamts, die Sicherheit der Bürger an der höchsten Priorität legen, und dafür keine Kompromisse schließen.

---

sich in Zweifel ziehen ->eine Begründung geben ->eine Meinung vertreten

---

Zum Nachdenken gebracht hat mich der dritte Punkt des Artikels, dass die Bevölkerung vieler Staaten in der EU abnimmt. Daher ist Europa langfristig auf Zuwanderer angewiesen. Vor allem wenn es um gut ausgebildete Fachleute gibt, steht man in einem Wettbewerb mit anderen Regionen, besonders mit den USA.

Ich denke nämlich, dass

- in der Demografische Wandel die Zahl der Bevölkerung gegenüber Zuwanderer kontinuierlich abgenommen hat. Das hat zufolge eine hohe Befürchtung ausgelöst, dass mit Lauf der Zeit wird die EU- Bevölkerung eine Minderheit, denn Migration hat sich seit Langem nicht aufgehört und nimmt stetig zu.
- Selbstverständlich sind die Leute zu diesem Thema uneinig. Zwar die Migration in EU sehr gewünscht ist, denn Deutschland vielmehr gut ausgebildete Zuwanderer braucht, aber trotzdem fühlen Bürger in eine wettbewerbliche Situation gedrängt zu sein. Einbürger beklagen, dass wegen der Zuwanderung, Probleme z.B Lohnminderung, verschlechterte Beschäftigungsbedingungen ...usw, auf dem Arbeitsmarkt verschärft. Viele Zuwanderer wollen mit den Einbürgern einfach nicht integrieren.

Aus der Perspektive meines Heimatlandes möchte ich ergänzen, dass...............

Zusammenfassend möchte ich sagen, dass für............ beide Seiten notwendig sind: 1).................... 2) ....

Natur

Das Ende der Vielfalt - Wie viel Artenschutz ist notwendig?

Sie haben ein Artikel in der Zeitung "...." zum Thema "Das Ende der Vielfalt - Wie viel Artenschutz ist notwendig?" gelesen und dazu äußern Ihre Meinung.

> ➤ *Viel zu viele Tierarten sind weltweit, aber auch speziell in Europa, vom Aussterben bedroht, darunter auch Arten, die noch gar nicht erforscht sind. Nur wenn Politik und Wirtschaft sofort massive Maßnahmen zum Schutz der Tierwelt beschließen, lässt sich die Artenvielfalt auf unserem Planeten erhalten.*
> ➤ *Artenschutz ist wichtig, darf aber nicht zu Lasten der menschlichen Entwicklung gehen. Wenn es darum geht, weite Teile der Weltbevölkerung vor Hunger zu schützen, indem Anbauflächen für Nahrungsmittel erweitert werden, kann es keinen kompromisslosen Artenschutz geben. Man sollte sich daher darauf konzentrieren, die wichtigsten Arten in Reservaten und Schutzgebieten zu erhalten.*

Der Artikel „........." beleuchtet die Thematik vielschichtig und differenziert. In vielen Punkten bin ich mit dem Autor einverstanden. Dennoch möchte ich die Gelegenheit nutzen, und dazu meine Meinung äußern.

Das Ende der Vielfalt - Wie viel Artenschutz ist notwendig?ist ein wichtiges Thema, was häufig in der gesellschaftlichen Diskussion bleibt.

Argument 1

Ich bin mit der ersten Aussage ihres Artikels einverstanden, dass viele Tierarten weltweit vom Aussterben bedroht sind, darunter auch Arten, die noch gar nicht erforscht sind. Nur wenn Politik und Wirtschaft sofort massive Maßnahmen zum

Schutz der Tierwelt beschließen, lässt sich die Artenvielfalt auf unserem Planeten erhalten.

Nach meiner Kenntnis möchte ich ergänzen, dass:

- Biodiversität ständig wegen der Umweltverschmutzung, Klimawandel, andere menschliche Gründe zurück geht. Viele Tier- und Pflanzenarten sind vom Aussterben bedroht.
- Aufgrund der hohen Karbondioxid Emissionen, andere Luftschadstoffe, hat sich die Erde sehr schnell erwärmt. Das zufolge lässt sich Tonne von Eis in Island, Grönland verschmelzen, was weitere bedrohlich für die dort gehörigen Tierarten wie Polarbär, Wale, besondere Fische ..usw geworden ist.
- Viele Menschen jagen besondere Tierarten, um sie auf dem internationalen Markt zu verkaufen, und viel mehr Geld verdienen. Solche gefährdete Tierarten sind Rhinozeros, Bengale Tiger, Riesenpanda, Leopard ..usw.
- Die Menschheit ist auch für die Wasserverschmutzung schuldig. Millionen Tonnen Plastik und anderen Müll schwimmen auf dem Meer/Ozeane. Hätte es Meeresschildkröte, Blauwal ..usw viele Wassertierarten sind schon gestorben.
- Man soll nicht vergessen, dass ohne Biodiversität kann unsere Erde nicht existieren. Es ist deshalb sehr wichtig, Politik und Wirtschaft sofort massive Maßnahmen zum Schutz der Tierwelt beschließen. Die Regierung soll Zugriff zu solchen gefährdeten Tierarten begrenzen.

Argument 2

Außerdem möchte ich noch einmal unterstreichen, was der Artikel schreibt, dass Artenschutz ist wichtig, aber nicht zu Lasten der menschlichen Entwicklung gehen darf. Um Hunger zu schützen, müsse Nahrungsmittel erweitert werden, kann es keinen kompromisslosen Artenschutz geben. Man sollte sich daher darauf konzentrieren, die wichtigsten Arten in Reservaten und Schutzgebieten zu erhalten.

Es kommt nicht in Betracht, dass:

- In der heutigen Zeit der Globalisierung, wo jede Länder mit sich einander konkurrieren, soll man kein Kompromiss mit der menschlichen Entwicklung schließen.
- Länder legen hohe Wert an die Technologieverbesserungen, nachhaltiges Sozialsystem, wirtschaftliche Entwicklungen, mit dem bestens Versuchs Biodiversität zu schützen.
- Viele Länder sind arm, und leiden unter Probleme wie Finanzenkrise, Krieg, Extremwetterereignissen z.B Dürre, Hochwasser ..usw. Wo sehr häufig die Menschenrechte verletzt sind, blieben immer noch Biodiversität unbeachtet.
- Wichtig ist, dass jede Länder zumindest Reservaten und Schutzgebieten für die gefährden Tierarten aufbauen. Mit der Verfügung des Naturschutzparks bekommen Tiere eine lebbare Umgebung, damit sie nicht ausgestorben wären.

sich in Zweifel ziehen ->eine Begründung geben ->eine Meinung vertreten

Zum Nachdenkengebracht hat mich der dritte Punkt des Artikels,dass

Ich denke nämlich

Aus der Perspektive meines Heimatlandes möchte ich ergänzen, dass...............

Zusammenfassend möchte ich sagen, dass für............ beide Seiten notwendig
sind: 1).................... 2) ....

Medizin

Organspenden - Humanität und Geschäft

Sie haben ein Artikel in der Zeitung ".…" zum Thema " Organspenden - Humanität und Geschäft" gelesen und dazu äußern Ihre Meinung.

> *Organtransplantationen sind oft der letzte Ausweg für schwerkranke Menschen und können ihr Leben erheblich verbessern und/oder verlängern. Daher sollten sich mehr Menschen bereit erklären, nach ihrem Tod ihre Organe als Spenderorgane zur Verfügung zu stellen.*
> *Was heute zählt, sind Ausdauer, Kreativität und Durchsetzungsvermögen und exzellente Fachkenntnisse. Umgangsformen sind Relikte einer Vergangenheit, in der Hierarchien eine viel größere Rolle spielten als heute. Daher sollte man Manieren und alles, was damit zusammenhängt, locker sehen und nicht überbewerten.*

Der Artikel „………" beleuchtet die Thematik vielschichtig und differenziert. In vielen Punkten bin ich mit dem Autor einverstanden. Dennoch möchte ich die Gelegenheit nutzen, und dazu meine Meinung äußern.

Organspenden - Humanität und Geschäft ist ein wichtiges Thema, dass häufig in der gesellschaftlichen Diskussion bleibt.

Argument 1

Ich bin mit der ersten Aussage ihres Artikels einverstanden, dass Organtransplantationen oft der letzte Ausweg für schwerkranke Menschen sind, und sie können ihr Leben erheblich verbessern und/oder verlängern. Daher sollten sich mehr Menschen bereit erklären, nach ihrem Tod ihre Organe als Spenderorgane zur Verfügung zu stellen.

Nach meiner Kenntnis möchte ich ergänzen, dass:

- Organtransplantation ist die Tätigkeit, was zu vielen eine Herzensangelegenheit ist. Durch das legale Spenden von körperlichen Organen nach dem Tod, rettet man das Leben der anderen Menschen.
- Ich finde diese Tat nicht schlimm, denn Man selbst die Organe nach dem eigenen Tod nicht mehr braucht.
- Dementsprechend wird man nach den eigenen Tod etwas Gutes tun. Im gewissen Sinne lebt man sehr positiv und froh aus.
- Selbstverständlicht sind diese Organtransplantationen nicht schmerzhaft. Daher solle man hierzu keine Angst vor Schmerzen haben.

Argument 2

Außerdem möchte ich noch einmal unterstreichen, was der Artikel schreibt, dass Organspenden sind grundsätzlich zu befürworten. Allerdings müssen die Rechte der Spender und der Patienten gewahrt bleiben und Missbrauch vermieden wird.

Es kommt nicht in Betracht, dass:

- Man nach dem Tod, nicht entscheiden kann, wem die gespendeten Organe zu Gute kommen.
- Zudem gäbe es oft Skandale in Erinnerung, in denen Spender betrogen wurden, oder Organe aus anderen unlauteren Motiven zugeteilt wurden.
- Daher ist es wichtig, dass klare Richtlinie zugunsten Organspender und Organempfänger vorgenommen/umgesetzt wären. Der gesamte Vorgang der Organtransplantation soll Transparenz sein, wo der Spender gut informiert ist, wie die gespendete Organe nach seinem Tod gespendet wird.

Zum Nachdenken gebracht hat mich der dritte Punkt des Artikels, dass

Ich denke nämlich.

Aus der Perspektive meines Heimatlandes möchte ich ergänzen, dass...............

Zusammenfassend möchte ich sagen, dass für............ beide Seiten notwendig sind: 1)................... 2) ....

Im Schönheitswahn - Pro und Contra plastische Chirurgie

Sie haben ein Artikel in der Zeitung "...." zum Thema "Im Schönheitswahn - Pro und Contra plastische Chirurgie" gelesen und dazu äußern Ihre Meinung.

- ➤ *Der Wunsch, das eigene Aussehen zu verschönern, ist so alt wie die Menschheit. Daher ist es völlig in Ordnung, mit Hilfe plastischer Operationen seinen Körper zu verändern. Gerade in einer offenen und pluralistischen Gesellschaft sollte dieses Recht jedem Menschen zustehen.*
- ➤ *Schönheitschirurgie ist ein gefährlicher und teurer Unfug. Die gesundheitlichen Risiken sind enorm, wie eine Reihe von Skandalen in jüngster Zeit bewiesen hat. Außerdem fehlen die Ärzte, sie sich dieser Spezialrichtung widmen, den anderen Bereichen der Humanmedizin, die wesentlich wichtiger und sinnvoller sind.*
- ➤ *Plastische Chirurgie hat dann einen Sinn und eine Berechtigung, wenn sie Menschen hilft, deren Aussehen durch schlimme Krankheiten oder durch Unfälle entstellt wurde. Sie sollte jedoch untersagt werden, wenn es um die ständige angebliche Verschönerung der Körper der Reichen geht. Vor allem für Kinder und Jugendliche sind die Menschen, die ständig an sich 'herumoperieren' lassen, ein schlechtes Vorbild.*

Der Artikel „........." beleuchtet die Thematik vielschichtig und differenziert. In vielen Punkten bin ich mit dem Autor einverstanden. Dennoch möchte ich die Gelegenheit nutzen, und dazu meine Meinung äußern.

Im Schönheitswahn - Pro und Contra plastische Chirurgie ist ein wichtiges Thema, was häufig in der gesellschaftlichen Diskussion bleibt.

Argument 1

Ich bin mit der ersten Aussage ihres Artikels einverstanden, dass es in Ordnung ist, mithilfe plastischer Operationen seinen Körper zu verändern. Gerade in einer offenen und pluralistischen Gesellschaft sollte dieses Recht jedem Menschen zustehen.

Nach meiner Kenntnis möchte ich ergänzen, dass:

- jede Jugend träumt, trotz des voranschreitenden Alters, ein schönes und vitales Aussehen zu haben. Die moderne Chirurgie/ plastische Operation bietet die Möglichkeit, sogenannte Schönheitsmängel effektiv und zeitnah zu beheben. Man kann sein Aussehen gemäß den eigenen Wünschen anpassen, verschönern ohne monatlang Diäten zu machen.
- Dank der chirurgischen Operation, sind die einigen körperliche Belastungen z.B Brust verkleinern/vergrößern Nasenkorrektur, Ohrkorrektur usw. erfolgreich behandelt wurden.

Argument 2

Außerdem möchte ich noch einmal unterstreichen, was der Artikel schreibt, dass Schönheitschirurgie ein gefährlicher und teurer Unfug ist. Die gesundheitlichen Risiken sind enorm, wie eine Reihe von Skandalen in jüngster Zeit bewiesen hat. Außerdem fehlen die Ärzte, sie sich dieser Spezialrichtung widmen, den anderen Bereichen der Humanmedizin, die wesentlich wichtiger und sinnvoller sind.

Es kommt nicht in Betracht, dass:

- Die wohl größte Gefahr einer kosmetischen Operation ist die Operation an sich. Ich stelle mich die Frage, ob diese Operation wirklich so erforderlich ist. Besonders wenn Leute an echte Krankheiten leiden z.B Herzinfarkt, Krebs, Tumor, Hautinfektionen

..usw. Ist Schönheitsmangel so ähnlich wie diese Krankheit, dass man sich operieren lässt. Ich bezweifele das.

- Nach der plastischen Operation gäbe es zahlreiche Risiken für die Gesundheit z.B. Verletzungen von Nerven und wichtigen Organen, allergische Reaktionen ..usw. Solche Risiken sollte man zu seiner Kenntnis nehmen, wenn man sich für ein Plastische Chirurgie entscheidet.

---

sich in Zweifel ziehen ->eine Begründung geben ->eine Meinung vertreten

---

Zum Nachdenken gebracht hat mich der dritte Punkt des Artikels, dass Plastische Chirurgie dann einen Sinn und eine Berechtigung hat, wenn sie Menschen hilft, deren Aussehen durch schlimme Krankheiten oder durch Unfälle entstellt wurde. Sie sollte jedoch untersagt werden, wenn es um die ständige angebliche Verschönerung der Körper der Reichen geht. Vor allem für Kinder und Jugendliche sind die Menschen, die ständig an sich 'herumoperieren' lassen, ein schlechtes Vorbild.

Ich denke nämlich, dass

- plastische Chirurgie sinnvoll ist, wenn man einen schweren Unfall erlebt hat. Schlecht finde ich nicht, wenn man seine beschädigte Körperteile wieder in Ordnung bringt. Operationen wie Nasenkorrektur, Ohrkorrektur, Kinnkorrektur sehe ich als berechtigte Operationen, die es ermöglichen, wieder ein lebendiges Leben zu genießen. Man wird dadurch nicht mehr gestarrt, sympathisiert. Zudem bringen beschädigte Körperteile Umfall, andere schlimmere Ereignisse wieder nicht in Erinnerungen. Zudem ist die ärztliche Genehmigung notwendig.
- Es steht außer Zweifel, dass Plastische Chirurgie überhaupt nicht für Kinder geeignet ist. Wegen der negativen körperlichen und psychischen

Nebenwirkungen sei diese Operation für Kinder verboten. Das Immunsystem, Psyche der Kinder ist schwach im Vergleich zu den Erwachsenen.

Aus der Perspektive meines Heimatlandes möchte ich ergänzen, dass...............

Zusammenfassend möchte ich sagen, dass für............ beide Seiten notwendig sind: 1).................... 2) ....

Volkskrankheit Depression

Sie haben ein Artikel in der Zeitung ".…" zumThema "Volkskrankheit Depression"
gelesen und dazu äußern Ihre Meinung.

> ➢ *Depression heute als Krankheiten anerkannt die genauso ernste Konsequenten*
>   *für die Betroffenen haben und von Fachleute behandelt werden müssen. Seit*
>   *Lange Zeit haben sich Menschen für diese Krankheit geschämt.*
> ➢ *Ursachen von Depression z.B chronischer Stress, zunehmende Einsamkeit ..usw*
> ➢ *Die Zahl der Erkrankungen nimmt vorallem in wesentlichen Industriestaaten zu.*
>   *Die Krankheit betrifft jeder, und ist ein gesellschaftliches Problem geworden.*

Der Artikel „………" beleuchtet die Thematik vielschichtig und differenziert. In vielen Punkten bin ich mit dem Autor einverstanden. Dennoch möchte ich die Gelegenheit nutzen, und dazu meine Meinung äußern.

Volkskrankheit Depression ist ein wichtiges Thema, was häufig in der gesellschaftlichen Diskussion bleibt.

Argument 1

Ich bin mit der ersten Aussage ihres Artikels einverstanden, dass Depression heute als Krankheit anerkannt die genauso ernste Konsequenten für die Betroffenen haben und von Fachleute behandelt werden müssen. Seit Lange Zeit haben sich Menschen für diese Krankheit geschämt.

Nach meiner Kenntnis möchte ich ergänzen, dass:

• Depression eine Krankheit ist. Die Betroffenen leiden an Hoffnungslosigkeit und können kaum schlafen. Auch verlieren sie oft ihre sozialen Kontakte,

konnte die Familie, Kinder nicht wahrnehmen. Man konnte einfach Gefühle, Emotionen nicht empfinden, was im schlimmsten Fall zu Selbstmordgedanken führen. Denn ihr Verhalten können viele Menschen nicht verstehen.

- Um gegen Depression zu bekämpfen, muss man Fachärzte oder Psychotherapeuten besuchen, die besonders zur Diagnose und zur Therapie von psychischen Erkrankungen befähigen.

- Seit Lange ist die Scham mit der Depression verbunden. Man im Allgemein sehr sozialer ist. Er will sich nicht in eine Situation geraten lassen, in denen er sich hilflos und klein fühlte. Menschen befürchten, dass sie wegen Depression ihre sozialen Kontakte verlieren würden. Daher nehmen sie diese Belastung an sich selbst, um Scham wegen Depression zu vermeiden.

Argument 2

Außerdem möchte ich noch einmal unterstreichen, was der Artikel schreibt, dasses verschiedene Ursachen, Umstände für Depression z.B chronischer Stress, zunehmende Einsamkeit .. gäben.

Die wesentliche Ursache für Depression sind:

- Schwer Verlusterlebnisse: z.B Tod des Partners, Verlust des Arbeitsplatzes, Wohnungsbesitz, ständige Demütigungen oder Abwertungen im privaten oder beruflichen Leben, oder andere traumatische (Kinderheits-) Erlebnisse.

- Persönliche Eigenschaften: Menschen, die sensibel, empfindsam, selbstkritisch sind, sind häufig für Depressionen anfällig.

- Auch die hohe Konzentration der Chemische Stoffen im Körper, unsere Gene negativ beeinflussen, und mehr Stresshormons generieren, die zufolge zur Depressionen führt.

Zum Nachdenken gebracht hat mich der dritte Punkt des Artikels, dass die Zahl der Erkrankungen vorallem in wesentlichen Industriestaaten zunimmt. Die Krankheit betrifft jeder, und ist ein gesellschaftliches Problem geworden.

Ich denke nämlich, dass

- In Industrienationen ist das Leben sehr hektisch. Obwohl die Menschen mit der Arbeit, Studium sehr beschäftigt sind, vereinsamen immer mehr Menschen, denn sie entweder alleine oder in Kleinfamilien leben. In Kleinstaaten ist die Großfamilie die Regel, keiner wird alleine gelassen, was nach meiner Meinung ein ganz wichtiges Hilfsmittel gegen Depression ist.
- In der heutigen Zeit der Informationstechnologie, wo meistens durch Internet soziale Kontakte knüpfen, haben sie das menschliche Empfinden verloren.
- Es kommt nicht in Betracht, dass Frauen und Männern beide unter Depression leiden. Frauen haben im Vergleich zu Männern häufiger familiäre oder gesundheitliche Probleme. Männer dagegen geben eher berufliche Probleme als Grund ihrer Depression an.

Aus der Perspektive meines Heimatlandes möchte ich ergänzen, dass...............

Zusammenfassend möchte ich sagen, dass für............ boide Seiten notwendig sind: 1).................... 2) ....

Medien

Die Stars von morgen-Castingshows

Sie haben ein Artikel in der Zeitung "...." zum Thema "Die Stars von morgen-Castingshows" gelesen und dazu äußern Ihre Meinung.

> ➤ *Die meistens Castingshows, die im Fernsehen laufen, verletzen den guten Geschmack. Das betrifft Leistung der Künstler und das Verhalten von Publikum und Jury.*
> ➤ *Castingshows sind eine Chance für junge Künstler, bekannt zu werden und vielleicht Veträge mit Veranstaltern, Managern oder Musikfirmen zu erhalten.*

Der Artikel „........." beleuchtet die Thematik vielschichtig und differenziert. In vielen Punkten bin ich mit dem Autor einverstanden. Dennoch möchte ich die Gelegenheit nutzen, und dazu meine Meinung äußern.

Castingshows ist ein wichtiges Thema, was häufig in der gesellschaftlichen Diskussion bleibt.

Argument 1

Ich bin mit der ersten Aussage ihres Artikels einverstanden, dass die meistens Castingshows, die im Fernsehen laufen, den guten Geschmack verletzen. Das betrifft Leistung der Künstler und das Verhalten von Publikum und Jury.

Nach meiner Kenntnis möchte ich ergänzen, dass:

- Castingshows bsds. auf einigen Privatsendern gescriptet ist, die hauptsächlich für Lachen und Aufregung sorgen. Z.B. in Castingshows gäben

64

häufig talentfreie oder gekaufte Kandidaten, die sich dann vor ganz Deutschland bloßstellen lassen.

- Zudem sind die erniedrigende Kommentare der Jury für Teilnehmer sehr demütgend.

Argument 2

Außerdem möchte ich noch einmal unterstreichen, was der Artikel schreibt, dass Castingshows eine Chance für junge Künstler sind, bekannt zu werden und vielleicht Verträge mit Veranstaltern, Managern oder Musikfirmen zu erhalten.

Es kommt nicht in Betracht, dass:

- einige Castingshows wirklich für das Talent eines Teilnehmers interessieren, was viele Zuschauer beeindrucken. Castingshow ist ein Plattform, woher die Musiker, Künstler ihre Talente vorm Publikum präsentieren. Daher erhöhen sich die Chance vielleicht Verträge mit Veranstaltern, Managern oder Musikfirmen zu erhalten.
- Hat man wahres Talent, denn kann man einen guten Bekanntheitsgrad erreichen. Dann muss man sich nicht viel publizieren, denn wird er online in Youtube.com..usw schon mehrmals von Millionen Users gecheckt und geschätzt.

sich in Zweifel ziehen ->eine Begründung geben ->eine Meinung vertreten

Zum Nachdenken gebracht hat mich der dritte Punkt des Artikels,dass Castingshows vor allem Gelddruckmaschinen für die Fernsehsender sind.

Ich denke nämlich, dass

- durch solche Shows, promoten Jurymitglieder ihre Albums, Filme, andere Shows. Doch um Musik geht es eher weniger.
- Zudem kommen häufiger die Werbungen dazwischen. Klar ist, dass Castingshows Gelddruckmaschinen für die Fernsehsender geworden ist.

Aus der Perspektive meines Heimatlandes möchte ich ergänzen, dass...............

Zusammenfassend möchte ich sagen, dass für............ beide Seiten notwendig sind: 1)................... 2) ....

Internetwerbung - Ärgernis oder Notwendigkeit?

Sie haben ein Artikel in der Zeitung "...." zum Thema "Internetwerbung - Ärgernis oder Notwendigkeit?" gelesen und dazu äußern Ihre Meinung.

> ➤ *Werbung auf Internetseiten ist zeitgemäß, kundenorientiert und ermöglicht es Firmen, die Interessen der Verbraucher direkt zu erfassen.*
> ➤ *Internet und Email Werbung ist lästig und aufdringlich. Außerdem besteht für Internetnutzer die Gefahr "abgezockt" zu werden oder ihren Computer mit gefährlichen Viren zu infizieren.*
> ➤ *Auch wenn zu viel Werbung auf Homepages nervt, muss man sie doch akzeptieren, weil sich die meisten Angebote nur so finanzieren und dem Nutzer damit kostenlos zur Verfügung stehen können.*

Der Artikel „........." beleuchtet die Thematik vielschichtig und differenziert. In vielen Punkten bin ich mit dem Autor einverstanden. Dennoch möchte ich die Gelegenheit nutzen, und dazu meine Meinung äußern.

Internetwerbung - Ärgernis oder Notwendigkeit? ist ein wichtiges Thema, was häufig in der gesellschaftlichen Diskussion bleibt.

Argument 1

Ich bin mit der ersten Aussage ihres Artikels einverstanden, dass Werbung auf Internetseiten zeitgemäß, kundenorientiert ist, und Firmen ermöglicht, die Interessen der Verbraucher direkt zu erfassen.

Nach meiner Kenntnis möchte ich ergänzen, dass:

* Online Werbungen berücksichtigen die Interesse und Bedürfnisse der Verbraucher, und durch die überzeugende inhaltliche Werbung, ihre

Produkten/Services das Publikum bekannt machen, und ihren Kundenkreis ausbauen.

- Online Werbungen spielen eine wichtige Rolle im Internet. Während des Webseitebesuchs kommt Pop-up Fenster mit der Werbung des bedürftigen Produkts. Es wird sich dann zweiteilig belohnen: Erstens: Man muss nicht bemühen, das gewünschte Produkt im Internet zu suchen; Zweitens: Unternehmen erreichen zu den passenden Kundenkreis.

- Es ist auch anzunehmen, die Online Werbungen, die in berühmte Webseiten z.B Google.de, Amazon.de, Facebook.com, Linkedin ..usw, erschienen, vertrauenswürdig sind. Viele Webseiten stellen sich sicher, dass die Werbungen, die in Ihrer Webseite veröffentlichen, genuine sind.

Argument 2

Außerdem möchte ich noch einmal unterstreichen, was der Artikel schreibt, dass Internet und Email Werbung lästig und aufdringlich ist, mit bestehendes Gefahr "abgezockt" zu werden oder ihren Computer mit gefährlichen Viren zu infizieren.

Es kommt nicht in Betracht, dass:

- tägliche zahlreiche unerwünschte Werbungen unsere Mailbox füllen. Das ist ohne Zweifel eine Belastung für Internetnutzer geworden.

- Klickt man an eine Werbung, dann erhalten sie tägliche dubiose Angebote z.B „Verdienen 1 000 Euro am Tag? ‚....usw - per E-Mail, womit besteht die Möglichkeit abzockt zu sein.

- Desinteresse Kunde stellen sich oft die Frage, wie kann man diese nervende Werbung deaktivieren.

---

sich in Zweifel ziehen ->eine Begründung geben ->eine Meinung vertreten

---

Zum Nachdenken gebracht hat mich der dritte Punkt des Artikels, dass man Werbung auf Homepages akzeptieren soll, weil sich die meisten Webseiten nur so finanzieren.

Es steht außer Zweifel, dass

- Viele Webseiten sich über Werbung und Abos finanzieren. Je mehr Klicks oder das Einkaufen von Produkten mithilfe Werbung, desto mehr Geld würden sie sich verdienen. Auch berühmte Webseite z.B Spiegel.de, Dict.cc, ...usw sich damit finanzieren.
- Werbung nervt ist klar, aber unterm Strich haben Webseiten Mitarbeiter, die bezahlt werden müssen, sonst wären sie arbeitslos.

Aus der Perspektive meines Heimatlandes möchte ich ergänzen, dass...............

Zusammenfassend möchte ich sagen, dass für............ beide Seiten notwendig sind: 1)................... 2) ....

Doping - Die Grenzen des Erlaubten

Sie haben ein Artikel in der Zeitung "...." zum Thema "Doping - Die Grenzen des Erlaubten" gelesen und dazu äußern Ihre Meinung.

> ➤ *Doping zerstört die Glaubwürdigkeit des Spitzensports. Kaum noch jemand glaubt daran, dass Sportler ohne verbotene Substanzen Höchstleistungen erbringen können. Daher sollte man sich vom Leistungssport fernhalten und dem Breitensport mehr Aufmerksamkeit schenken, wo wesentlich weniger gedopt wird.*
> ➤ *Doping an sich wird man kaum bekämpfen können — dazu gelten Siege und Rekorde zu viel in der heutigen Zeit. Wichtig ist es daher, effektive Formen des Nachweises verbotener Mittel zu entwickeln, konsequent zu kontrollieren und Schuldige hart zu bestrafen.*

Der Artikel „.........." beleuchtet die Thematik vielschichtig und differenziert. In vielen Punkten bin ich mit dem Autor einverstanden. Dennoch möchte ich die Gelegenheit nutzen, und dazu meine Meinung äußern.

Doping - Die Grenzen des Erlaubten ist ein wichtiges Thema, was häufig in der gesellschaftlichen Diskussion bleibt.

Argument 1

Ich bin mit der ersten Aussage ihres Artikels einverstanden, dass Doping zerstört die Glaubwürdigkeit des Spitzensports. Kaum noch jemand glaubt daran, dass Sportler ohne verbotene Substanzen Höchstleistungen erbringen können. Daher sollte man sich vom Leistungssport fernhalten und dem Breitensport mehr Aufmerksamkeit schenken, wo wesentlich weniger gedopt wird.

Nach meiner Kenntnis möchte ich ergänzen, dass:

- alle Sportler für einen bestimmten Zeitraum die gleiche Chance haben, um seine Leistungsfähigkeit zu beweisen. Durch Doping, Drogenkonsum würden Sportler eine gefälschte steigernde Leistung erreichen, was eventuell sehr unfair ist.
- Drogenkonsum ist ungesund. Viele Sportler verstehen das nicht, und behalten Ruhm, Sieg, Geld ..usw im Auge, und schließlich dopen, ohne die gefährliche Nebenwirkungen von Doping in vertraut zu nehmen.
- Mit jedem Dopingfall leidet das Ansehen des Sports. Doping kann nicht nur das Image von Leistungssport, sondern auch das Image von Breiten- und Freizeitsport beschädigen. Daher soll man auf Doping unabhängig von verschiedenen Sportarten unbedingt verzichten.

Argument 2

Außerdem möchte ich noch einmal unterstreichen, was der Artikel schreibt, dass Siege und Rekorde zu viel in der heutigen Zeit ist. Wichtig ist es daher, effektive Formen des Nachweises verbotener Mittel zu entwickeln, konsequent zu kontrollieren und Schuldige hart zu bestrafen.

Es kommt nicht in Betracht, dass:

- Im Sport legt man hohe Wert auf Leistungssteigerung, Rekorde und Siegen. Man will hierzu auf jeden Fall gewinnen. Sport ist etwas, dadurch man mit seiner Seele verbindet ist. Kritik, Demütigung von Medien, Publikum, lässt sich Sportler dopen.
- Für viele Sportler ist es unklar, welche Substanzen sie einnehmen, konsumieren dürfen, um ihre Leistung zu steigern. Einige Produkte

enthalten verbotene Dopingsubstanzen, die immer noch ein Geheimnis ist.

- Ich denke nämlich, dass die Regierung effektive Maßnahmen z.B Erkennung, Veröffentlichung von verbotener Mittel; Kontrolle der Herstellung; harte Strafe/Lebensdauer Bann; Mitteilung der gefährlichen Nebenwirkungen von Doping an das Publikum ...usw zu ergreifen.

---

sich in Zweifel ziehen ->eine Begründung geben ->eine Meinung vertreten

---

Zum Nachdenken gebracht hat mich der dritte Punkt des Artikels, dass

Ich denke nämlich

Aus der Perspektive meines Heimatlandes möchte ich ergänzen, dass...............

Zusammenfassend möchte ich sagen, dass für............ beide Seiten notwendig sind: 1).................... 2) ....

Gewalt durch Fußballfans

Sie haben ein Artikel in der Zeitung "...." zum Thema "Gewalt durch Fußballfans" gelesen und dazu äußern Ihre Meinung.

> *Gewaltsame Auseinandersetzungen zwischen Anhängern verschiedener Clubs bzw. Fans und die Polizei sind ein ernsthaftes Problem für den Fußballsport weltweit. Die Vereine sind dafür mitverantwortlich und müssen bestraft werden.*
> *Gewalttätigen Fans nur einen kleinen Teil der Anhänger einer Mannschaft repräsentieren. Die Clubs dürfen für das Fehlverhalten nicht pauschal verurteilt werden.*

Der Artikel „........." beleuchtet die Thematik vielschichtig und differenziert. In vielen Punkten bin ich mit dem Autor einverstanden. Dennoch möchte ich die Gelegenheit nutzen, und dazu meine Meinung äußern.

Gewalt durch Fußballfans ist ein wichtiges Thema, was häufig in der gesellschaftlichen Diskussion bleibt.

Argument 1

Ich bin mit der ersten Aussage ihres Artikels einverstanden, dass Gewaltsame Auseinandersetzungen zwischen Anhängern verschiedener Clubs bzw. Fans und die Polizei sind ein ernsthaftes Problem für den Fußballsport weltweit. Die Vereine sind dafür mitverantwortlich und müssen bestraft werden.

Nach meiner Kenntnis möchte ich ergänzen, dass:

- Während des Fußballspielens kommen oft heftige Ausschreitungen. Dabei wurden Fans beider Seiten verletzt, häufig aber auch Besucher und Helfer. Polizei sind angegriffen, und die Sachschäden sind erheblich.

- Die Vereine und Verbände daher stehen in der Pflicht, ihre Präventionsarbeit zu stärken und sozialpädagogische Fanbildung weiter auszubauen. Darüber hinaus müssen die Vereine die Sicherheit der Besucherinnen im Stadion durch qualifiziertes Personal gewährleisten. Klar ist, dass Politiker für eine konsequente strafrechtliche Verfolgung von Gewalttäterinnen stehen, und muss mit jeder Gewalttaten die entsprechende Verein bestrafen.

Argument 2

Außerdem möchte ich noch einmal unterstreichen, was der Artikel schreibt, dass Gewalttätigen Fans nur einen kleinen Teil der Anhänger einer Mannschaft repräsentiert. Die Clubs dürfen für das Fehlverhalten nicht pauschal verurteilt werden.

Es kommt nicht in Betracht, dass:

- Leider oft haben wir das erleben, dass anstatt die Verfügbarkeit der Polizei, gehen Fans im Laufe der Spiele gewalttätig. Vereine sind daher nicht schuldig, da für Vereine nur die Spiele eine vorrangige Aufgabe ist. Die Polizei, Bundesamt sind hauptsächlich für die Kontrolle des Publikums, Sicherheit Vereinbarungen ..usw zuständig.

sich in Zweifel ziehen ->eine Begründung geben ->eine Meinung vertreten

Zum Nachdenken gebracht hat mich der dritte Punkt des Artikels,

Ich denke nämlich, dass

Aus der Perspektive meines Heimatlandes möchte ich ergänzen, dass...............

Zusammenfassend möchte ich sagen, dass für............ beide Seiten notwendig sind: 1).................... 2) ....

Familie

Veränderte Familienstrukturen

Sie haben ein Artikel in der Zeitung "...." zum Thema " Veränderte Familienstrukturen "
gelesen und dazu äußern Ihre Meinung.

> ➢ *Die Familienstruktur passt sich der modernen Gesellschaft an. Es gibt nicht mehr*
>   *die "klassische Familie", sondern such andere Formen der Familie gibt.*
> ➢ *Der Bedeutungsverlust der herkömmlichen Familie ist tragisch - in der ersten*
>   *Linie für die Kinder, denn Stiefeltern können niemals die leiblichen Mütter oder*
>   *Väter ersetzen.*

Der Artikel „........." beleuchtet die Thematik vielschichtig und differenziert. In vielen Punkten bin ich mit dem Autor einverstanden. Dennoch möchte ich die Gelegenheit nutzen, und dazu meine Meinung äußern.

Veränderte Familienstrukturen ist ein wichtiges Thema in der Gesellschaft, dass häufig in der gesellschaftlichen Diskussion bleibt.

Argument 1

Ich bin mit der ersten Aussage ihres Artikels einverstanden, dass die Familienstruktur sich der modernen Gesellschaft anpasst. Es gibt nicht mehr die "klassische Familie", sondern such andere Formen der Familie gibt..

Nach meiner Kenntnis möchte ich ergänzen, dass:

- In der heutigen Zeit hat sich Familienmodelle vielfältig geworden. Ob traditionelle Kleinfamilie, unverheiratete Eltern mit Kind, ob

76

Patchworkfamilie, alleinerziehend oder gleichgeschlechtliche Paare, viele „familiale Lebensformen" werden in Deutschland mittlerweile akzeptiert.

- Im Gegensatz dazu hat sich die Rollenbilder von Mann und Frau seit dem letzten Jahrhundert ((wie auch die klassische Familie)) kaum verändert, wo der Mann für den Broterwerb zuständig ist und die Frau für die Haushaltsführung. Allerdings ist diese Denkweise in der modernen Gesellschaft geändert. Mütter wollen nicht nur um die Haushaltsarbeit kümmern, sondern auch noch erwerbstätig sein. Väter - nicht nur der erwerbstätige Väter sein, sondern auch noch wegen der Kindererziehung zu Hause bleiben/arbeiten wollen.

Argument 2

Außerdem möchte ich noch einmal unterstreichen, was der Artikel schreibt, dass der Bedeutungsverlust der herkömmlichen Familie tragisch ist - in der ersten Linie für die Kinder, denn Stiefeltern können niemals die leiblichen Mütter oder Väter ersetzen.

Es kommt nicht in Betracht, dass:

- verheiratete Paare mit Kinder in Deutschland ein Leitbild sind, wo Eltern in geschützter Umgebung und mit strukturiertem Tageslauf: eine individuelle Entwicklung zu Kinder anzubieten. Im Fall der Scheidung, müssten Kinder die Trennung ihrer Eltern akzeptieren. Sie erleben psychischer, emotionaler Druck. Einerseits kann die Stiefmutter den Platz ihrer leiblichen Mutter nicht ersetzen. Diese Akzeptanz ist nicht einfach und lange Jahre dauern. Andererseits haben Kinder oft Angst, dass sie ihrer Mutter untreu werden, wenn sie die Stiefmutter mögen.

---

sich in Zweifel ziehen ->eine Begründung geben ->eine Meinung vertreten

---

Zum Nachdenken gebracht hat mich der dritte Punkt des Artikels,

Ich denke nämlich, dass

Aus der Perspektive meines Heimatlandes möchte ich ergänzen, dass...............

Zusammenfassend möchte ich sagen, dass für............ beide Seiten notwendig sind: 1).................... 2) ....

Politik

Projekt Europa

Sie haben ein Artikel in der Zeitung "...." zum Thema "Projekt Europa" gelesen und dazu äußern Ihre Meinung.

> *Einigung hat bei den Einwohnern massiv an Akzeptanz verloren. Die Gründe dafür sind die Probleme mit dem Euro und die Bürokratie bei der europäischen Verwaltung in Brüssel.*
> *Europa muss den Weg der Einigung konsequent weiter beschreiten. Es behauptet auch auf wirtschafliches Gebiet Konkurrenz gegen den USA und Asien.*

Der Artikel „........." beleuchtet die Thematik vielschichtig und differenziert. In vielen Punkten bin ich mit dem Autor einverstanden. Dennoch möchte ich die Gelegenheit nutzen, und dazu meine Meinung äußern.

Einigung in Europa ist ein wichtiges Thema, was häufig in der gesellschaftlichen Diskussion bleibt.

Argument 1

Ich bin mit der ersten Aussage ihres Artikels einverstanden, dass Einigung bei den Einwohnern massiv an Akzeptanz verloren hat. Die Gründe dafür sind die Probleme mit dem Euro und die Bürokratie bei der europäischen Verwaltung in Brüssel.

Nach meiner Kenntnis möchte ich ergänzen, dass:

- Wegen der Bürokratie bei der europäischen Verwaltung in Brüssel, sind Entscheidungen wie Euro, Freizügigkeit getroffen. Zudem sind diese Regelungen ausgenutzt, was hohe Migrationen in Großbritannien resultiert hat. Das hat eventuell die Integrität des Landes gefährdet. Infolgedessen verlieren die meistens Briten ihre Akzeptanz an die Einigung mit anderer EU-Länder, und wollen Brexit.

- Alleine die Überschuldung wegen der Bankenkrise in Länder wie Griechenland, Spanien hat sich viele andere Länder mit milliarden Euro überfordert, was eventuell das Wirtschaftswachstum anderer Länder bremst. Viele Leute wollten diese Überschuldung nicht an sich nehmen und sind mit dieser Entscheidung nicht einig. Die Wirtschaft von Italien, Zypern schrumpfen, was wertet die Gewährung „Euro" weiterhin.

Argument 2

Außerdem möchte ich noch einmal unterstreichen, was der Artikel schreibt, dass Europa den Weg der Einigung konsequent weiter beschreiten muss. Es behauptet auch auf wirtschafliches Gebiet Konkurrenz gegen den USA und Asien.

Es kommt nicht in Betracht, dass:

- die ständige wirtschaftliche Entwicklung von China, den USA, Asien, eine große Herausforderung für die Zukunft der Europa stellen. Es steht außer Zweifel, dass das Wirtschaftswachstum in China, Asien im Vergleich zu den letzten Jahrzehnten mehrfach zugenommen hat. Auch wollen den USA wegen des existierenden Nationalismus seinen Geschäftsmarkt nicht für die internationale Länder einschließlich Europa-Union öffnen. Daher Europa muss vereint sein, um in dieser geänderten geopolitischen Lage der Welt im Wettbewerb stehen zu können.

- Auch die Bürger müssen gegen diese interne Probleme der EU bekämpfen, und müssen diese neue internationale Bedrohung berücksichtigen. Natürlich bin ich mit der Aussage d.h. "Vereint stehen wir, getrennt fallen wir" einverstanden.

---

sich in Zweifel ziehen ->eine Begründung geben ->eine Meinung vertreten

---

Zum Nachdenken gebracht hat mich der dritte Punkt des Artikels,dass Einigungsprozess mehr von den Bürger und weniger von der Politiker getragen werdenmuss.

Ich denke nämlich, dass

- Bürger für den Einigungsprozess eine Rolle spielen, denn Integration hierzu ein wichtiger Faktor ist. Die angenommenen Flüchtlinge sollen gut ausgebildet sein, damit sie für die Nachhaltigkeit des stabilen und starken Wirtschaftswachstums beitragen. Allerdings beklagen Einbürger, dass Zuwanderung Probleme z.B Lohnminderung, verschlechterte Beschäftigungsbedingungen ...usw, auf dem Arbeitsmarkt verschärft. Trotzdem erhöhen sich Produktivitäten und Exports in verschiedenen Branchen, die EU im Wettbewerb stehen lassen.
- Es ist eine Aufgabe die Politiker, dass sie die Sicherheit der Bürger an der höchsten Priorität legen, und illegale Einwanderung verhindern. Zudem sollten sie erforderlichen Anstrengungen gegen Terrorismus, Unruhe in Europa, Finanzkrise unternehmen.

Aus der Perspektive meines Heimatlandes möchte ich ergänzen, dass..............

Zusammenfassend möchte ich sagen, dass für............ beide Seiten notwendig sind: 1).................... 2) ....

Entwicklungshilfe am Scheideweg

Sie haben ein Artikel in der Zeitung ".…" zum Thema " Entwicklungshilfe am Scheideweg" gelesen und dazu äußern Ihre Meinung.

> ➤ *Entwicklungshilfe ist unverzichtbar für die Schaffung einer gerechteren Welt. Die reichen Länder Europas und Nordamerikas müssen einen Beitrag dazu leisten, dass Länder in den armen Regionen der Welt nicht in Chaos, Krieg und Hunger versinken. Daher sollte die Entwicklungshilfe unbedingt aufgestockt werde.*
> ➤ *Die klassische Entwicklungshilfe ist nicht mehr als ein 'Feigenblatt' gegen das schlechte Gewissen der Staaten der nördlichen Hemisphäre. Während mit einer Hand gegeben wird, beutet man auf der anderen Seite die armen Länder gnadenlos aus, vor allem durch die unterschiedlichen wirtschaftlichen Entwicklungen.*
> ➤ *Entwicklungshilfe ist prinzipiell richtig und wichtig. Allerdings kommt es darauf an, sie zu modifizieren, damit sie den Charakter von 'Hilfe zur Selbsthilfe' bekommt. Vor allem muss dafür gesorgt werden, dass die Millionen von Geldern wirklich bei den Bedürftigen ankommen und nicht in den Taschen korrupter Despoten verschwinden.*

Der Artikel „………" beleuchtet die Thematik vielschichtig und differenziert. In vielen Punkten bin ich mit dem Autor einverstanden. Dennoch möchte ich die Gelegenheit nutzen, und dazu meine Meinung äußern.

Entwicklungshilfe am Scheideweg ist ein wichtiges Thema, was häufig in der gesellschaftlichen Diskussion bleibt.

Argument 1

Ich bin mit der ersten Aussage ihres Artikels einverstanden, dass Entwicklungshilfe für die Schaffung einer gerechteren Welt unverzichtbar ist. Die reichen Länder Europas und Nordamerikas müssen einen Beitrag dazu leisten, dass

Länder in den armen Regionen der Welt nicht in Chaos, Krieg und Hunger versinken.

Nach meiner Kenntnis möchte ich ergänzen, dass:

- Reiche Länder haben viel Probleme auf dieser Welt ausgelöst z.B die Kolonialisierung von Länder wie Frankreich, Großbritannien und das jahrelange Stehlen von Ressourcen aus Afrika; Vor einigen Jahren ist USA in Syrien, Irak einmarschiert, was verheerende Auswirkungen gebracht hat z.B Krieg, das Zerstören von Infrastruktur, Todesfall von Millionen Menschen, Hunger, Radikalisierung, Terrorismus ..usw, verursacht. Viele Menschen aus diesem Grund ihre Heimat flüchten müssen.

- Zudem stelle ich mich die Frage, sollte man hungernde Menschen sich selbst überlassen, nur weil sie das Pech haben, von korrupten, brutalen Regierungen beherrscht zu werden? Es leben Millionen Menschen ohne jede Perspektive, ohne Krankenversorgung, ohne sauberes Trinkwasser.

Argument 2

Außerdem möchte ich noch einmal unterstreichen, was der Artikel schreibt, dass die klassische Entwicklungshilfe nicht mehr als ein 'Feigenblatt' gegen das schlechte Gewissen der Staaten der nördlichen Hemisphäre ist. Während mit einer Hand gegeben wird, beutet man auf der anderen Seite die armen Länder gnadenlos aus, vor allem durch die unterschiedlichen wirtschaftlichen Entwicklungen.

Es kommt nicht in Betracht, dass:

- viele Firmen aus entwickelten Ländern ihre Investitionen in Schwellenländer tätigen. Sie schöpfen Human-Ressource solche Länder aus. Menschenrecht bezogene Richtlinie z.B Mindestlohn, Gleichberechtigkeit, Krankenversicherung ..usw sind noch nicht vorgeschrieben. Durch Outsourcing von einigen Services profitieren sie sich im Milliarden Euro.
- Auf die eine Seite leisten sie Entwicklungshilfe, auf die anderen Seite in Name der Sicherheit exportieren sie Waffen in Höhe von Millionen Euro.

---

sich in Zweifel ziehen ->eine Begründung geben ->eine Meinung vertreten

---

Zum Nachdenken gebracht hat mich der dritte Punkt des Artikels, dass Entwicklungshilfe prinzipiell richtig und wichtig ist. Vor allem muss dafür gesorgt werden, dass die Millionen von Geldern wirklich bei den Bedürftigen ankommen und nicht in den Taschen korrupter Despoten verschwinden.

Ich denke nämlich

- Entwicklungshilfe prinzipiell richtig und wichtig ist, denn dadurch entwickeln Ländern stabile Institutionen, unabhängige Justizsystem und solide Verfassungen.
- Durch die Entwicklungshilfe hilft man eigentlich Arme Länder auf eigenen Füssen stehen zu können. Einerseits fokussiert Entwicklungshilfe meistens auf arme Menschen – ihre Gesundheit, Ausbildung ..usw. Andererseits kann der Stadt seine lokale Produktionskraft/wirtschaftliche Lage verstärken.
- Man soll aber darauf achten, dass Entwicklungshilfe adäquat auf arme Menschen erreichen. Dafür ist es wichtig, dass wir klare Bedingungen für eine künftige Kooperation formulieren, und sie richtig umsetzen.

Aus der Perspektive meines Heimatlandes möchte ich ergänzen, dass...............

Zusammenfassend möchte ich sagen, dass für............ beide Seiten notwendig sind: 1).................... 2) ....

Die Zukunft der bemannten Raumfahrt

Sie haben ein Artikel in der Zeitung ".…" zum Thema " Die Zukunft der bemannten Raumfahrt" gelesen und dazu äußern Ihre Meinung.

> ➤ *Raumfahrt im Allgemeinen, vor allem aber das Entsenden von Menschen in den Weltraum ist eine ungeheure Verschwendung, insbesondere in Zeiten, in denen die Probleme auf der Erde überhandnehmen — wie zum Beispiel der Klimawandel und die Überbevölkerung. Um sich dieser Probleme annehmen zu können, sollte die bemannte Raumfahrt gestoppt werden.*
> ➤ *Astronauten betreiben wichtige und bahnbrechende Forschungsarbeiten, die so auf der Erde nicht geleistet werden können und deren Ergebnisse der gesamten Menschheit zugutekommen. Darüber hinaus ist der menschliche Entdeckergeist einer der stärksten Antriebe der Entwicklung überhaupt, den man nicht unterdrücken sollte.*
> ➤ *Die bemannte Raumfahrt kann einen wichtigen Beitrag zur technologischen Entwicklung leisten und besitzt daher schon ihren Wert. Allerdings sollten alle beteiligten Länder, am besten unter der Schirmherrschaft der UNO, bei der weiteren Erforschung des Weltraums zusammenarbeiten. Für nationale Egoismen ist kein Platz.*

Der Artikel „………" beleuchtet die Thematik vielschichtig und differenziert. In vielen Punkten bin ich mit dem Autor einverstanden. Dennoch möchte ich die Gelegenheit nutzen, und dazu meine Meinung äußern.

Die Zukunft der bemannten Raumfahrt ist ein wichtiges Thema, dass häufig in der gesellschaftlichen Diskussion bleibt.

Argument 1

Ich bin mit der ersten Aussage ihres Artikels einverstanden, dass Raumfahrt im Allgemeinen, sehr problemhaft ist— wie zum Beispiel der Klimawandel und die Überbevölkerung. Um sich dieser Probleme annehmen zu können, sollte die bemannte Raumfahrt gestoppt werden.

Nach meiner Kenntnis möchte ich ergänzen, dass:

- Es erstaunlich zu sehen ist, eine Seite kritisiert Medien den Klimawandel, Umweltstörungen wegen des Raumfahrts, andere Seite jubelt es Weltraumflug oder Tourismus im All.
- Rakete sind nicht wiederverwertbar, ist sie daher nicht umweltfreundlich und nachhaltig. Verwendung der Rakete stören die Umwelt stark.
- Ich stelle mich die Frage: Muss der Mensch im Weltall rumfliegen, besonders wenn wir schon genug Probleme auf Erden wie Ressourcenverschwendung, Hunger, Krieg, Ungerechtigkeit haben. Diese Probleme sollten wir zuerst in den Griff bekommen.
- Kritik finde ich, dass wir nach unserer Erde, jetzt die anderen Planeten zumüllen. Daher sollte die bemannte Raumfahrt gestoppt werden.

Argument 2

Außerdem möchte ich noch einmal unterstreichen, was der Artikel schreibt, dass Astronauten wichtige Forschungsarbeiten betreiben, die so auf der Erde nicht geleistet werden können und deren Ergebnisse der gesamten Menschheit zugutekommen.

Es kommt nicht in Betracht, dass:

- Ich spreche von Erdsatelliten. Wetterbeobachtung, Kommunikation und Navigation (GPS), die unser Leben sehr vereinfacht hat. Die vorhersagte

Katastrophe-Meldungen durch Satelliten lässt sich das Leben von Millionen Menschen retten.

- Es kommt völlig ohne Infrastruktur aus, und ermöglicht in der Wüste oder mitten auf dem Meer, ..andere Ferngebiete zu beobachten. Irgendwelche Klimawandel, extrem Wettererreignisse, Terroristenaktivitäten ..usw kann man vorher erkennen.

- Man ist darauf stolz, dass er Sonnensystem, Mond, Mars besiedelt hat. Mensch ist gerade mal mit neuen Welten in Berührung gekommen.

---

sich in Zweifel ziehen ->eine Begründung geben ->eine Meinung vertreten

---

Zum Nachdenken gebracht hat mich der dritte Punkt des Artikels, Die bemannte Raumfahrt kann einen wichtigen Beitrag zur technologischen Entwicklung leisten und besitzt daher schon ihren Wert. Allerdings sollten alle beteiligten Länder, am besten unter der Schirmherrschaft der UNO, bei der weiteren Erforschung des Weltraums zusammenarbeiten. Für nationale Egoismen ist kein Platz.

Ich denke nämlich.

- Nicht nur den USA, Russland, China, Japan, Indien, sondern auch andere Ländern an die weitere Erforschung des Weltraums teilnehmen sollen. Durch die Kooperation und Zusammenarbeit, kann Richtlinie vorgenommen, um Sicherheit die Erde, Umwelt zu gewährleisten.

- Die Erde gehört allen Erdenbürgern zu gleichen Teilen. Daher sind nur die einigen Ländern nicht berechtigt, ihre Satelliten in Weltall zu setzen, um andere Länder zu beobachten, eigenes GPS System zu entwickeln, oder für andere militärische Zwecke.

Aus der Perspektive meines Heimatlandes möchte ich ergänzen, dass..............

Zusammenfassend möchte ich sagen, dass für............ beide Seiten notwendig sind: 1).................... 2) ....

Essen

Lebensmittelskandal

Sie haben ein Artikel in der Zeitung "...." zum Thema "Lebensmittelskandal" gelesen und dazu äußern Ihre Meinung.

> *Staat hat Pflicht, Handel strenger zu kontrollieren, damit Verbraucher noch besser geschüzt ist.*
> *Das Bewusstsein der Verbracher soll verändert sein, und sie von ihm gekauften Lebensmittel gut informiert sein und bewusste Kaufentscheidungen trifft.*

Der Artikel „........." beleuchtet die Thematik vielschichtig und differenziert. In vielen Punkten bin ich mit dem Autor einverstanden. Dennoch möchte ich die Gelegenheit nutzen, und dazu meine Meinung äußern.

Lebensmittelskandale ist ein wichtiges Thema, was häufig in der gesellschaftlichen Diskussion umstritten bleibt.

Argument 1

Ich bin mit der ersten Aussage ihres Artikels einverstanden, dass der Staat für die Sicherung der Bevölkerung verpflichtet ist, und daher soll die Regierung der Handel des Lebensmittels noch strenger kontrollieren, um weitere Lebensmittelskandale vorsorglich zu verhindern.

Nach meiner Kenntnis möchte ich ergänzen, dass:

• Die von einem Lebensmittelskandal betroffenen Produkte entweder verdorben sind, oder Bakterien oder andere Mikroorganismen enthalten. Für beide Fälle ist es für die Menschengesundheit gefährlich. Z.B jedes Jahr gäbe es Lebensmittelskandale in Fleisch oder andere Produkte, was zu Krankheit führt.

- Daher um weitere Lebensmittelskandale zu vermeiden, ist es ratsam, dass der Staat Lebensmittelbranche strenger kontrolliert. z.B Maßnahmen wie Imageverlust der Produzenten, die Verbraucher grob getäuscht haben; sorgfältige Untersuchung, von betroffenen Produkten; Betroffene Produkte in den Verkaufsstellen zurückgeben.... usw.

Argument 2

Außerdem möchte ich noch einmal unterstreichen, was der Artikel schreibt, dass das Bewusstsein der Verbraucher verändert sein soll, und sie sich über das gekaufte Lebensmittel gut informieren, und treffen bewusste Kaufentscheidungen.

Es kommt nicht in Betracht, dass

- in einem Produkt muss drin sein, was draufsteht. Verbraucher werden auf keinesfalls betrogen dürfen.
- Der Staat ist verpflichtet in der Zeitung oder im Internet, in der Vergangenheit geschieht Lebensmittelskandale zu veröffentlichen, um die Bürger darüber in die Kenntnis zu setzen.

---

sich in Zweifel ziehen ->eine Begründung geben ->eine Meinung vertreten

---

Zum Nachdenken gebracht hat mich der dritte Punkt des Artikels:

....

Aus der Perspektive meines Heimatlandes möchte ich ergänzen, dass...............

Zusammenfassend möchte ich sagen, dass für............ beide Seiten notwendig sind: 1).................... 2) ....

Höflichkeit und gute Umgangsformen - Anachronismus oder von zeitloser Wichtigkeit?

Sie haben ein Artikel in der Zeitung "...." zum Thema " Höflichkeit und gute Umgangsformen - Anachronismus oder von zeitloser Wichtigkeit?" gelesen und dazu äußern Ihre Meinung.

> ➢ *Gute Umgangsformen, Höflichkeit und Etikette sind heute wichtiger denn je, da sie unverzichtbare soziale Kompetenzen darstellen. Gerade Führungspersönlichkeiten benötigen diese Eigenschaften ebenso wie Entscheidungsstärke und Stressresistenz. Auf das Bewusstmachen von Umgangsformen sollte schon in der Ausbildung großer Wert gelegt werden.*
> ➢ *Was heute zählt, sind Ausdauer, Kreativität und Durchsetzungsvermögen und exzellente Fachkenntnisse. Umgangsformen sind Relikte einer Vergangenheit, in der Hierarchien eine viel größere Rolle spielten als heute. Daher sollte man Manieren und alles, was damit zusammenhängt, locker sehen und nicht überbewerten.*

Der Artikel „........." beleuchtet die Thematik vielschichtig und differenziert. In vielen Punkten bin ich mit dem Autor einverstanden. Dennoch möchte ich die Gelegenheit nutzen, und dazu meine Meinung äußern.

Höflichkeit und gute Umgangsformen - Anachronismus oder von zeitloser Wichtigkeit? ist ein wichtiges Thema, dass häufig in der gesellschaftlichen Diskussion bleibt.

Argument 1

Ich bin mit der ersten Aussage ihres Artikels einverstanden, dass gute Umgangsformen, Höflichkeit und Etikette heute wichtiger sind, denn je, da sie unverzichtbare soziale Kompetenzen darstellen. Gerade Führungspersönlichkeiten benötigen diese Eigenschaften ebenso wie Entscheidungsstärke und Stressresistenz. Auf das Bewusstmachen von Umgangsformen sollte schon in der Ausbildung großer Wert gelegt werden.

Nach meiner Kenntnis möchte ich ergänzen, dass:

- Höflichkeit, Mitmenschen, Kommunikation, nicht egoistisch sein, Hilfsbereitschaft ..usw eine wichtige Rolle in der Gesellschaft spielen.
- Die sind wichtige Teile der sozialen Kompetenzen, die man auf keinen Falls unterschätzen soll. Diese Eigenschaften kann man nicht irgendwohin erlernen, denn entwickeln sie sich durch Lebenserfahrungen.
- Es steht außer Zweifel, wenn man Eigenschaften wie Entscheidungsstärke und Stressresistenz hat, erhöht sich Berufsaufstiegschancen, Prosperität mehrmals. Hätte es Politiker wie Angela Merkel, Geschäftsmann wie Mark Zuckerberg, Wissenschaftler wie APJ Abdul Kalam, Sporter wie Roger Federer ..usw, die alle sind mehrmals im Leben kritisiert. Trotz Kritik haben sie ihre Geduld nicht verliert, und durch Höflichkeit, Mitmenschen, Kommunikation demütigende Situationen behandelt. Man kommt daher klar, dass Höflichkeit eine wichtige Eigenschaft der Führungsleiter/ Führungsleiterin ist.

Argument 2

Außerdem möchte ich noch einmal unterstreichen, was der Artikel schreibt, dass was heute zählt, Ausdauer, Kreativität und Durchsetzungsvermögen und exzellente Fachkenntnisse sind. Daher sollte man Manieren und alles, was damit zusammenhängt, locker sehen und nicht überbewerten.

Es kommt nicht in Betracht, dass:

- Manieren, Höflichkeit, andere sozialen Kompetenzen auf hohe Verlangen sind. Stattdessen sind sie nicht primäre Voraussetzungen im Berufsleben. Fachkenntnis bleibt eventuell immer die wichtigste Anforderung in Privatleben, Berufsleben. Auch bei einer Jobstelle sind zuerst bestimmte Qualifikationen, Fachkenntnisse angefordert, danach wurden eigene sozialen Eigenschaften erwünscht.

- Ich bin der Ansicht, dass man sozialen Kompetenzen durch tausende Fehler, Erfahrungen, erwirbt. Es gibt keine Kurzbezeichnung dazu.

- Zudem muss man nicht rechtfertigen, dass jmd., der eine gute Fachkenntnisse verfügt, schlechte sozialen Kompetenzen hat, oder nicht kommunikativ ist, oder kein gutes Manieren hat. Es gäbe natürlich viele Menschen, die trotz exzellent Fachkenntnisse, und ausgezeichnete Kommunikationsfähigkeit, häufig Feedbacks erwünschen, um sich weiter zu entwickeln. Man kann davon nachvollziehen, dass jeder Mensch ein individuelles Wesen ist.

---

sich in Zweifel ziehen ->eine Begründung geben ->eine Meinung vertreten

---

Zum Nachdenken gebracht hat mich der dritte Punkt des Artikels, dass

Ich denke nämlich.

Aus der Perspektive meines Heimatlandes möchte ich ergänzen, dass..............

Zusammenfassend möchte ich sagen, dass für............ beide Seiten notwendig sind: 1).................. 2) ....

Soziale Kompetenzen

Sie haben ein Artikel in der Zeitung "...." zum Thema "Soziale Kompetenzen" gelesen und dazu äußern Ihre Meinung.

> ➤ *Soziale Kompetenzen werden im modernen Arbeitsleben immer wichtiger. Teamfähigkeit und Flexibilität, Belastbarkeit und Empathie spielen dort eine entscheidende Rolle, wo Menschen mit anderen zusammenarbeiten und jeden Tag neue Herausforderungen meistern müssen. Daher ist es für Junge Menschen unverzichtbar, diese Fertigkeiten zu trainieren.*
> ➤ *Soziale Kompetenzen sind wichtig, werden aber häufig überschätzt. Natürlich muss man kooperativ mit Kollegen und Partnern zusammenarbeiten, aber letztlich entscheidet doch immer das Fachwissen. Daher sollte man sich als Studierender oder Azubi auf die Studien- und Ausbildungsinhalte konzentrieren. Die sozialen Komponenten lernt man später gewissermaßen „nebenbei" dazu.*
> ➤ *Soziale Kompetenzen können gelernt oder eingeübt werden. Eine entscheidende Rolle für Ihre Ausprägung spielt die Erziehung in der Familie und in der Schule. Daher müssen Eltern und Lehrer darauf achten, soziale Werte des Miteinanders ständig zu pflegen und zu fördern.*

Der Artikel „........." beleuchtet die Thematik vielschichtig und differenziert. In vielen Punkten bin ich mit dem Autor einverstanden. Dennoch möchte ich die Gelegenheit nutzen, und dazu meine Meinung äußern.

Soziale Kompetenzen ist ein wichtiges Thema, was häufig in der gesellschaftlichen Diskussion bleibt.

Argument 1

Ich bin mit der ersten Aussage ihres Artikels einverstanden, dass Soziale Kompetenzen im modernen Arbeitsleben sehr wichig ist. Es ist für Junge Menschen unverzichtbar, diese Fertigkeiten zu trainieren.

Nach meiner Kenntnis möchte ich ergänzen, dass:

- Fachliche Kompetenzen sind oftmals leichter zu entwickeln als Soft Skills. Die sozialen Fähigkeiten erlernt man durch jahrelange Erfahrungen, Umgang mit Menschen, Selbstregulation, Kommunikationsfähigkeit, Perspektivenübernahme, und eine hohe Frustrationstoleranz sind etwas, die keine Schule, Universität unterrichtet.
- Je mehr Mitarbeiter man führen soll, umso unwichtiger wird die Fachexpertise in seinem Bereich und umso wichtiger werden soziale Kompetenzen. Z.b die führende Persönlichkeiten wie Angela Merkel, Mark Zuckerberg, Ratan Tata..usw wegen ihrer sozialen Kompetenzen bekannt.

Argument 2

Außerdem möchte ich noch einmal unterstreichen, was der Artikel schreibt, dass soziale Kompetenzen häufig überschätzt sind. Natürlich muss man kooperativ mit Kollegen und Partnern zusammenarbeiten, aber letztlich entscheidet doch immer das Fachwissen. Daher sollte man sich als Studierender oder Azubi auf die Studien- und Ausbildungsinhalte konzentrieren. Die sozialen Komponenten lernt man später gewissermaßen „nebenbei" dazu.

Es kommt nicht in Betracht, dass:

- Fachliche Kenntnisse ein Bestandteil ist, um in einem Beruf einzusteigen, und dio berufliche Aufstiegschance zu erhöhen. Sozialen Kompetenzen sind sowie Add-on zu der berufliche Kenntnisse und Erfahrungen.
- Man soll hier nicht ahnen, dass die Menschen, die fachlich sehr kompetent sind, geringe soziale Kompetenzen aufweisen. Ausnahmen gibt es

natürlich, die solche kompetente Menschen immer offen für neue Feedbacks und Argumente sind.

- Auch in der Führung kann Fachwissen absolut hilfreich sein. Es ist anzunehmen, dass die Menschen die fachlich kompetent sind, auch kenntnisreich sind. Sie beherrschen die Fähigkeit wegen der Verwendung der Technologie, Automatisierung ..usw das Geschäft auf den neusten Stand zu bringen.

---

sich in Zweifel ziehen ->eine Begründung geben ->eine Meinung vertreten

---

Zum Nachdenken gebracht hat mich der dritte Punkt des Artikels, dass Soziale Kompetenzen gelernt oder eingeübt werdenkönnen. Eine entscheidende Rolle spielt die Erziehung in der Familie und in der Schule. Daher müssen Eltern und Lehrer darauf achten, soziale Werte des Miteinanders ständig zu pflegen und zu fördern.

Ich denke nämlich

- Schule und Eltern verpflichtet sind, Sozial Kompetenzen an Kinder zu vermitteln. Da heutzutage viele Junge sozial inkompetent sind. In diesem Sinn sollen Eltern ihre Kinder Freunden machen, daraus spielen lassen. In dieser Hinsicht heißt es, sozial aktiv bleiben lassen. Soziale Interaktion ist ein Bestandteil der sozialen Kompetenzen.
- In der Schule Schüler streiten, sich über etwas freuen/ärger, zusammen lachen. Kinder konfrontieren sehr intensiv mit Konflikten und sind gefordert, Toleranz zu lernen. Zudem vermittelt Lehrer die Inhalte der Sozialkompetenzen durch Übungen, Rollespiele an Schüler. Es ist aber nicht zu vergessen, dass Soziale Kompetenzen kein Schulfach ist. Es gibt kein Curriculum hierfür.

Aus der Perspektive meines Heimatlandes möchte ich ergänzen, dass...............

Zusammenfassend möchte ich sagen, dass für............ beide Seiten notwendig sind: 1).................... 2) ....

Sie haben ein Artikel in der Zeitung "...." zum Thema " Sprechen lernen - Die Kunst der Rhetorik " gelesen und dazu äußern Ihre Meinung.

> ➤ *Rhetorik als die Kunst, die menschliche Sprache zu perfektionieren und mit einer gut durchdachten, aufgebauten und trainierten Rede andere zu überzeugen, ist eine zeitlose Fertigkeit. Rhetorik ist auch in unserer heutigen technisierten Zeit eine wichtige Fähigkeit für Führungskräfte in allen Bereichen.*
> ➤ *Rhetorische Tricks wurden im Laufe der Geschichte zu oft für schlimme Zwecke missbraucht. Mit dieser „Kunst" können Menschen manipuliert und für demagogische Vorhaben benutzt werden. Daher sollte man in der Gegenwart darauf verzichten.*

Der Artikel „........." beleuchtet die Thematik vielschichtig und differenziert. In vielen Punkten bin ich mit dem Autor einverstanden. Dennoch möchte ich die Gelegenheit nutzen, und dazu meine Meinung äußern.

Sprechen lernen - Die Kunst der Rhetorik ist ein wichtiges Thema, was häufig in der gesellschaftlichen Diskussion bleibt.

Argument 1

Ich bin mit der ersten Aussage ihres Artikels einverstanden, dass Rhetorik als die Kunst, die menschliche perfektionierte, überzeugende Sprache zu beherrschen, was auch in unserer heutigen technisierten Zeit eine wichtige Fähigkeit für Führungskräfte in allen Bereichen geworden ist.

Nach meiner Kenntnis möchte ich ergänzen, dass:

- Rhetorik im klassischen Sinn die Kunst zu reden ist. Heute erstrecken sich die Rhetorik in alle Bereiche des geschäftlichen, politischen und sonstigen öffentlichen Lebens. Berühmte Rhetoriker in Indien sind Ratan Tata, APJ

Abdul Kalam, Mother Teresa.. usw, die seit Langem ein hohes Ansehen genießen. Sie alle beherrschen die Kunst und die menschliche perfektionierte, überzeugende Sprache, denn durch ihre Millionen Anhänger ausgewiesen ist.

- Rhetorische Fähigkeiten enthält Ausdrucksvermögen, Argumentation und Körpersprache, was von allen Führungspositionen zunehmend benötigt ist. Angela Merkel in Politik; Mark Zuckerberg als Geschäftsmann.. usw, wegen solcher rhetorischen Fähigkeiten ihre einschlägige Branche führen.

- Auch die Menschen die so eine Fähigkeit nicht beherrschen, schicken ihre Vertrauen an Rhetoriker. Es ist eine Fähigkeit, was immer noch zu viele Menschen/Länder eine Inspiration ist. Jedes Land benötigt einige Leiter in Form von Politiker, Sportler, Geschäftsmann ..usw, der das Land international repräsentiert.

Argument 2

Außerdem möchte ich noch einmal unterstreichen, was der Artikel schreibt, dass Rhetorische Tricks im Laufe der Geschichte zu oft für schlimme Zwecke missbraucht wurden. Mit dieser „Kunst" können Menschen manipuliert und für demagogische Vorhaben benutzt werden.

Es kommt nicht in Betracht, dass:

- Wer diese rhetorische Fähigkeit beherrscht, kann die anderen Menschen für sein Nutzen sehr leicht manipulieren. Drohen, Lügen, Emotionell angreifen, Schlechtes Gewissen erzeugen ..usw sind die einigen Nachteile dieser Art.

- Nachteilig ist, dass das Publikum häufig blindes Vertrauen in Rhetoriker haben, auch wenn sie negative Zwecke haben. In der Geschichte seien einige Rhetoriker z:b Hitler, Mussolini ..usw für der zweite Weltkrieg zuständig. Daher muss man rhetorische Fähigkeiten schätzen und befolgen, aber nicht sein blindes Vertrauen an Rhetoriker schicken.

Zum Nachdenken gebracht hat mich der dritte Punkt des Artikels, dass

Ich denke nämlich

Aus der Perspektive meines Heimatlandes möchte ich ergänzen, dass...............

Zusammenfassend möchte ich sagen, dass für............ **beide Seiten notwendig sind:**
1)................... **2)** ....

Mehrsprachigkeit - Ein "Muss" in der heutigen Welt?

*Sie haben ein Artikel in der Zeitung "...." zum Thema " Mehrsprachigkeit - Ein "Muss"
in der heutigen Welt?" gelesen und dazu äußern Ihre Meinung.*

> ➤ *Mindestens zwei Fremdsprachen zu beherrschen ist nicht nur ein Ziel des
> Europarates, sondern eine schlichte Notwendigkeit in einer globalisierten Welt.
> Mehrsprachigkeit kann als Schlüsselkompetenz im zeitgenössischen
> Arbeitsmarkt angesehen werden, sollte aber auch im privaten Bereich an
> Bedeutung gewinnen.*
> ➤ *Fremdsprachenkenntnisse, die momentan noch wichtig sind, werden bald nicht
> mehr notwendig sein, da technische Hilfsmittel eine Verständigung zwischen
> Menschen unterschiedlicher Muttersprachen bald problemlos ermöglichen
> werden.*

**Der Artikel „........." beleuchtet die Thematik vielschichtig und
differenziert. In vielen Punkten bin ich mit dem Autor einverstanden. Dennoch
möchte ich die Gelegenheit nutzen, und dazu meine Meinung äußern.**

Mehrsprachigkeit - Ein "Muss" in der heutigen Welt ist ein wichtiges Thema, dass
häufig in der gesellschaftlichen Diskussion bleibt.

Argument 1

Ich bin mit der ersten Aussage ihres Artikels einverstanden, dass
Mindestens zwei Fremdsprachen zu beherrschen ist nicht nur ein Ziel des
Europarates, sondern eine schlichte Notwendigkeit in einer globalisierten Welt.

Nach meiner Kenntnis möchte ich ergänzen, dass:

- Das die wichtige Folgerung der Globalisierung ist.
- Für die Kontakte und die Kommunikation, für die Arbeit mit wechselnden Gesprächspartnern, Kunden ... usw ist es das wichtigste Medium. Derzeit ist Englisch weltweit meist gesprochen, uns ist als Weltsprache bekannt.
- Sie führen Aufträge in anderen Ländern aus, oder haben Produktion, Vermarktung und Service über mehrere Länder mit unterschiedlichen Sprachen verteilt. Ihre Angestellte müssen miteinander und mit Kunden kommunizieren, wechseln kurzzeitig den Arbeitsplatz. Studenten wählen mittels Auslandssemestern und -studium aus. Klar ist, dass Mehrsprachigkeit notwendig in der heutigen Welt geworden ist.

Argument 2

Außerdem möchte ich noch einmal unterstreichen, was der Artikel schreibt, dass Fremdsprachenkenntnisse, die momentan noch wichtig sind, werden bald nicht mehr notwendig sein, da technische Hilfsmittel eine Verständigung zwischen Menschen unterschiedlicher Muttersprachen bald problemlos ermöglichen werden.

Es kommt nicht in Betracht, dass:

- die Technik/Online Übersetzung so gut sein können, dass sie Dolmetscher und Übersetzer ersetzen kann. Dank der Künstliche-Intelligenz, wird die Qualität der Übersetzung sich mehrmals verbessern. Online Übersetzung sind schon in vielen Unternehmen in Verwendung gebracht.
- Die Webseiten sind übersetzt; Es gäbe online Chat Möglichkeit in fremde Sprache; Es befinden sich viele Tools, Anwendung im Internet, gemäß der

man sofort mit fremden Sprachen in vertraut macht, und sie erlernen. Es gibt's schon fremde Sprache sprechende Robot z.B in Japan.

- Ich bin der Ansicht, dass trotz dieser Entwicklungen, wird sich aber noch viel mehr Jahrzehnten in Anspruch nehmen, bis diese technische Hilfsmittel menschliche Übersetzung ersetzen können.

---

sich in Zweifel ziehen ->eine Begründung geben ->eine Meinung vertreten

---

Zum Nachdenken gebracht hat mich der dritte Punkt des Artikels, dass

Ich denke nämlich.

Aus der Perspektive meines Heimatlandes möchte ich ergänzen, dass...............

Zusammenfassend möchte ich sagen, dass für............ beide Seiten notwendig sind: 1).................... 2) ....

Straftat oder Kavaliersdelikt?

---

*Sie haben ein Artikel in der Zeitung ".…" zum Thema " Straftat oder Kavaliersdelikt?" -
Illegales Kopieren von Büchern und unerlaubter Download von Filmen und Musik"
gelesen und dazu äußern Ihre Meinung.*

> ➢ *Alles, was veröffentlicht wird, ist geistiges Eigentum der Autoren und muss als
>   solches geschützt werden — egal, ob es sich um Sachbücher, Lehrbücher,
>   Belletristik, Zeitschriftenartikel oder andere Druckerzeugnisse handelt oder um
>   Lieder, Filme, Fotos, die als Dateien im Internet zur Verfügung stehen. Die
>   Unsitte des widerrechtlichen Kopierens bzw. Downloadens muss durch den
>   Gesetzgeber verfolgt und bestraft werden.*
> ➢ *Veröffentlichungen müssen für die Allgemeinheit frei verfügbar sein — was im
>   Internet oder in Büchern, Zeitungen und Zeitschriften veröffentlicht wird, gehört
>   allen Menschen. Verlage und Internetportale verdienen genug Geld mit der
>   Werbung und mit dem Verkauf und können die Autoren davon angemessen
>   bezahlen.*

**Der Artikel „………" beleuchtet die Thematik vielschichtig und
differenziert. In vielen Punkten bin ich mit dem Autor einverstanden. Dennoch
möchte ich die Gelegenheit nutzen, und dazu meine Meinung äußern.**

Straftat oder Kavaliersdelikt? ist ein wichtiges Thema, dass häufig in der
gesellschaftlichen Diskussion bleibt.

Argument 1

Ich bin mit der ersten Aussage ihres Artikels einverstanden, dass Alles, was
veröffentlicht wird, ist geistiges Eigentum der Autoren und muss als solches
geschützt werden.

Nach meiner Kenntnis möchte ich ergänzen, dass:

- Man die Kopien nicht verkaufen oder ins Internet stellen darf. Das ist illegal, und ist gegen das geistige Eigentum der Autoren. Der Zweck des Verbrauchers kann man nicht erkennen, da manchmal stehlen sie den Inhalt des Werks und verkaufen sie das Buch mit dem anderen Deckblatt. Dadurch betrügen sie der Autor.

- Das Kopieren von Büchern für den eignen Gebrauch völlig legal ist. Diese Tat ist sehr üblich in der Schulen, Universitäten, wo viele Schüler/Studierende sich auf die Kopie der Bücher verlassen, denn viele Bücher einfach so teuer sind. Auch öffentliche Einrichtungen wie Bibliotheken, Schulen oder Hochschulen erwerben Kopien des Werkes/Manuskripten nach der Genehmigung der Autoren, und/oder notwendige Nutzungslizenzen.

- Ich stelle mich oft die Frage: Ob man weist, ob er den Inhalt des Werks kopieren darf?

Argument 2

Außerdem möchte ich noch einmal unterstreichen, was der Artikel schreibt, dass Veröffentlichungen für die Allgemeinheit frei verfügbar sein müssen — was im Internet oder in Büchern, Zeitungen und Zeitschriften veröffentlicht wird, gehört allen Menschen. Verlage und Internetportale verdienen genug Geld mit der Werbung und mit dem Verkauf und können die Autoren davon angemessen bezahlen.

Es kommt nicht in Betracht, dass:

- Was man ins Internet stellt, ist jederzeit zu jeder Mensch zugreifbar. Es geht schwer, das Kopieren/Stehlen von Inhalt des veröffentlichen Werks zu verhindern.
- Trotzdem weise ich gerne darauf hin, dass wegen dieser Veröffentlichung, die Autoren Geld, Ruhm gewinnen. Autoren wollen Feedbacks für ihre Arbeit einholen, was oft im Internet ermöglicht ist. Internet sei ein Plattform für den Autoren mit Millionen Leser in Verbindung zu setzen.
- Nicht nur die Autoren, sondern auch Verlager, E-Commerce Geschäfte wie Springer Nature, Amazon,de, Google Books ..usw damit profitieren.
- Obwohl die Gefahr das Stehlen des Werkes besteht, ratsam ist es, die individuelle ISBN-Nummer zu ihrer Bücher zu vergeben. Das ist sowie eine Identifikationsnummer, was die Originalität der Bücher bewahrt.

---

sich in Zweifel ziehen ->eine Begründung geben ->eine Meinung vertreten

---

Zum Nachdenken gebracht hat mich der dritte Punkt des Artikels, dass

Ich denke nämlich.

Aus der Perspektive meines Heimatlandes möchte ich ergänzen, dass..............

Zusammenfassend möchte ich sagen, dass für............ beide Seiten notwendig sind: 1).................... 2) ....

Home-Schooling: Bürgerrecht oder Gesetzesverletzung?

Sie haben ein Artikel in der Zeitung "...." zum Thema " Home-Schooling: Bürgerrecht oder Gesetzesverletzung?" gelesen und dazu äußern Ihre Meinung.

> ➢ *Die Entscheidung über die Erziehung und die Bildung der Kinder muss bei deren Eltern liegen. Insofern sollten alle Eltern das Recht haben, selbst zu entscheiden, ob sie ihre Kinder auf eine staatliche oder private Schule schicken, oder sie lieber allein zu Hause unterrichten.*
> ➢ *Wichtig für die soziale und emotionale Entwicklung von Heranwachsenden ist der Kontakt mit Gleichaltrigen und die soziale Interaktion. Daher ist es richtig, dass Länder wie Deutschland das Home-Schooling verbieten und die Schulpflicht für alle Kinder vorschreiben.*
> ➢ *Eine liberale und demokratische Gesellschaft sollte mit Argumenten überzeugen und nicht mit Verboten. Der Weg, den zum Beispiel Länder wie Frankreich oder Schweden wählen, nämlich die Entscheidung über den Schulbesuch den Eltern zu überlassen, dabei aber die Einhaltung von Normen zu prüfen, ist der richtige.*

Der Artikel „.........." beleuchtet die Thematik vielschichtig und differenziert. In vielen Punkten bin ich mit dem Autor einverstanden. Dennoch möchte ich die Gelegenheit nutzen, und dazu meine Meinung äußern.

Home-Schooling: Bürgerrecht oder Gesetzesverletzung? ist ein wichtiges Thema, was häufig in der gesellschaftlichen Diskussion bleibt.

Argument 1

Ich bin mit der ersten Aussage ihres Artikels einverstanden, dass die Entscheidung über die Erziehung und die Bildung der Kinder muss bei deren Eltern liegen. Insofern sollten alle Eltern das Recht haben, selbst zu entscheiden, ob sie ihre Kinder auf eine staatliche oder private Schule schicken, oder sie lieber allein zu Hause unterrichten.

Nach meiner Kenntnis möchte ich ergänzen, dass:

- Warum Eltern ihre Kinder nicht in die Schule schicken, hat einige Gründe. Manche Kinder kommen mit dem Druck im Unterricht nicht klar. Andere finden neben dem strikten Schulalltag keine Zeit mehr für die Dinge, die sie wirklich interessieren. In der Schule sei kein Platz für die individuellen Bedürfnisse der Kinder.
- Auch ist die Situation so, dass Eltern aus beruflichen Gründen häufig umziehen müssen. Es ist daher nicht sinnvoll, ihre Kinder jeder zweite Monat in der Schule anmelden zu lassen.
- Es ist anzunehmen, dass Eltern das Wohlbefinden ihrer Kinder erwünschen. Daher müssen die Erziehung und die Bildung der Kinder bei deren Eltern liegen. Daher sollen Eltern entscheiden, ob sie ihre Kinder auf eine staatliche oder private Schule schicken, oder sie lieber allein zu Hause unterrichten.

Argument 2

Außerdem möchte ich noch einmal unterstreichen, was der Artikel schreibt, dass die soziale und emotionale Entwicklung von Kinder durch Kontakt mit Gleichaltrigen und die soziale Interaktion, wichtig ist. Daher ist es richtig, dass Länder wie Deutschland das Home-Schooling verbieten und die Schulpflicht für alle Kinder vorschreiben.

Es kommt nicht in Betracht, dass:

- Schüler in der Schule streiten, sich über etwas freuen/ärgern, zusammen lachen..usw. Kinder konfrontieren sehr intensiv mit Emtionen, Konflikten, und Umgang mit Menschen. Das ist sehr wichtig für die menschliche Entwicklung.

- Hausaufgabe machen, Streit mit Klassenkameraden, Umgang mit Lehrer, andere Schüler, Sports, Freizeitaktivitäten ...usw. Klar ist, dass Schule für Kinder und Jugendliche mehr als eine Lernanstalt ist.
- Ich setze mich in Zweifel, ob Kinder zu Hause richtig ausbilden können. Eltern können die Rolle der Lehrer nicht ersetzen.
- Ich bin persönlich wegen der obigen Gründe der Meinung, dass Länder Home-Schooling verbieten und die Schulpflicht für alle Kinder vorschreiben sollen.

---

sich in Zweifel ziehen ->eine Begründung geben ->eine Meinung vertreten

---

Zum Nachdenken gebracht hat mich der dritte Punkt des Artikels, dass eine liberale und demokratische Gesellschaft mit Argumenten überzeugen sollte, und nicht mit Verboten. Der Weg, den zum Beispiel Länder wie Frankreich oder Schweden wählen, nämlich die Entscheidung über den Schulbesuch den Eltern zu überlassen, dabei aber die Einhaltung von Normen zu prüfen, ist der richtige.

Ich denke nämlich, dass

- in der direkten Demokratie es sehr wichtig ist, über dieses Thema die Meinung der Einbürger nachzuhaken.
- Das Verbot von etwas sei immer keine Lösung. Was denn, wenn einige Eltern der anderen Meinung dieses Gesetzes wären, und das Gesetz verstoßen. Wird der Staat die Eltern dafür verhaften? Ich bezweifele das. Es ist daher sehr wichtig, dass Politiker und Einburger mit diesem Thema in Einklang stehen.
- Es gäbe kaum Länder, wo Gesetz gegen Home-Schooling vorgeschrieben sind.

Aus der Perspektive meines Heimatlandes möchte ich ergänzen, dass...............

Zusammenfassend möchte ich sagen, dass für............ beide Seiten notwendig sind: 1).................... 2) ....

Wie angesehen sind verschiedene Berufe in der Öffentlichkeit?

Sie haben ein Artikel in der Zeitung "...." zum Thema " Wie angesehen sind verschiedene Berufe in der Öffentlichkeit?" gelesen und dazu äußern Ihre Meinung.

> ➤ *Viele der Berufe, die schon seit Jahren das höchste Ansehen in der Öffentlichkeit genießen, besitzen diesen Status völlig zu Recht, da sich diese Berufsgruppen dem Dienst an anderen Menschen und an der Allgemeinheit widmen. Als Beispiele lassen sich Feuerwehrleute, Ärzte oder Sozialarbeiter nennen.*
> ➤ *Die Rankings zum Ansehen von Berufen geben ein verzerrtes Bild wider. Manche Berufe haben ein schlechtes Ansehen, weil sie von den Medien viel negativer dargestellt werden, als sie es verdient hätten. Dies trifft unter anderem auf Politiker oder Rechtsanwälte zu.*

Der Artikel „........." beleuchtet die Thematik vielschichtig und differenziert. In vielen Punkten bin ich mit dem Autor einverstanden. Dennoch möchte ich die Gelegenheit nutzen, und dazu meine Meinung äußern.

Wie angesehen sind verschiedene Berufe in der Öffentlichkeit? ist ein wichtiges Thema in der Gesellschaft, dass häufig in der gesellschaftlichen Diskussion bleibt.

Argument 1

Ich bin mit der ersten Aussage ihres Artikels einverstanden, dass viele der Berufe, die schon seit Jahren das höchste Ansehen in der Öffentlichkeit genießen, besitzen diesen Status völlig zu Recht, da sich diese Berufsgruppen dem Dienst an anderen Menschen und an der Allgemeinheit widmen. Als Beispiele lassen sich Feuerwehrleute, Ärzte oder Sozialarbeiter nennen.

Nach meiner Kenntnis möchte ich ergänzen, dass:

- viele Einbürger hohe Wert auf die soziale Tätigkeiten/Beschäftigungen legen (z. B. helfen, etwas „Gutes" und „Schönes" tun). Sie wollen Ihr Beitrag für das Wohlfinden der Gesellschaft leisten. Selbstverständlich sind Karriere wie Feuerwehrleute, Ärzte oder Sozialarbeiter ..usw, an die soziale Arbeit gelangen. Obwohl damit einigen Leuten nicht viel Geld verdienen, genießen sie immer noch ein hohes Ansehen in der Gesellschaft.
- Manchmal ziehe ich mich in Zweifel, warum Karriere wie Politiker, Rechtsanwalt ...usw, nicht so belebt sind. Die wesentliche Gründe hierfür sind: Erstens: Misstrauen gegen solche Karriere, denn sie häufig leugnen, und falsches Versprechen geben; Zweitens: die allgemeine Denkweise des Publikums, die von Generation zu Generation weitergegeben ist, wie riskant, stressvoll diese Karrieren sind. Zudem verbindet man solche Karriere mit Skandale, Korruption, Bestechung, Lüge, Arglist ...usw.
- Ich würde mich stark bezweifeln, wenn Karriere wie Versicherungsberater, Schauspieler, Kundenbetreuer, Makler.. usw ein hohes Ansehen von Karriere wie Feuerwehrleute, Ärzte oder Sozialarbeiter haben.

Argument 2

Außerdem möchte ich noch einmal unterstreichen, was der Artikel schreibt, dass die Rankings zum Ansehen von Berufen ein verzerrtes Bild wider geben. Manche Berufe haben ein schlechtes Ansehen, weil sie von den Medien viel negativer dargestellt werden, als sie es verdient hätten. Dies trifft unter anderem auf Politiker oder Rechtsanwälte zu.

Es kommt nicht in Betracht, dass:

- das Aussehen des Berufs hängt es davon ab, wie es von Eltern und Medien dargestellt ist. Das entwickelt sich die allgemeine Denkweise, was zufolge sich Junge für ein Berf entscheiden lassen.

- Medien gibt die Rankings zum Ansehen von Berufen ein verzerrtes Bild. Ich denke nämlich, dass Karriere wie Soldaten, Schauspieler, Makler, Politiker ..usw auch Bestandteil der Gesellschaft sind. Jeder möchte Entertainment, aber niemand gefällt Schauspieler; Jeder möchte Infrastruktur, Jobs, Handel, ..usw, aber niemand gefällt Politik; Jeder möchte Sicherheit des Landes, aber es immer noch wenigere Soldaten gäben.

- Es ist auch anzunehmen, dass Medien häufig ein schlechtes Abbild von Politiker, Schauspieler, Rechtsanwalt..usw gibt, und dadurch beschädigt ihr Image. Kaum sieht man eine inspirierte Meldung über solche Leute im Internet, Fernsehen.., andere Medienformen.

---

sich in Zweifel ziehen ->eine Begründung geben ->eine Meinung vertreten

---

Zum Nachdenken gebracht hat mich der dritte Punkt des Artikels, dass

Ich denke nämlich

Aus der Perspektive meines Heimatlandes möchte ich ergänzen, dass...............

Zusammenfassend möchte ich sagen, dass für............ **beide SeSiten notwendig sind: 1)**.................... **2)** ....

die Zukunft des Lesens

Sie haben ein Artikel in der Zeitung "...." zum Thema "die Zukunft des Lesens" gelesen und dazu äußern Ihre Meinung.

> ➤ *E-Readers, E-Bücher neuer Trend, zum Anstreben des klassischen gedruckten Buches führen.*
> ➤ *Das gedruckte Buch ästhetischer im Vergleich zu E-Bücher*
> ➤ *welcher Zweck die Lektüre haben, wenn sie das Lesen entweder durch traditonellen- oder durch E-Bücher entscheiden. Unter welchen Umständen sie gelesen wird.*

Der Artikel „.........." beleuchtet die Thematik vielschichtig und differenziert. In vielen Punkten bin ich mit dem Autor einverstanden. Dennoch möchte ich die Gelegenheit nutzen, und dazu meine Meinung äußern.

Die Zukunft des Lesens ist ein wichtiges Thema, was häufig in der gesellschaftlichen Diskussion bleibt.

Argument 1

Ich bin mit der ersten Aussage ihres Artikels einverstanden, dass E-Readers, E-Bücher neuer Trend geworden sind, und mit Lauf der Zeit zum Anstreben des klassischen gedruckten Buches führen.

Nach meiner Kenntnis möchte ich ergänzen, dass:

*   digitales Zeitalter in aller sozialen, räumlichen Dimensionen stattfindet. E-Bücher und die anderen sozialen Internet-Plattformen ermöglichen, online lesen und schreiben. Zum Beispiel auf I-Pad, Smartphones sind ungefähr 40

Millionen zumeist junge Menschen tätig, um Bücher zu lesen und hochzuladen, ..usw.

- Es ist auch anzunehmen, dass die Zahl der Buchkäufer abgenommen hat. Im Gegensatz dazu, wenn jüngere Menschen weniger Bücher kaufen, bedeutet das noch nicht, dass weniger gelesen wird, sondern von vielen Jungen in großer Zahl intensiv gelesen wird.

Argument 2

Außerdem möchte ich noch einmal unterstreichen, was der Artikel schreibt, dass das gedruckte Buch ästhetischer im Vergleich zu E-Bücher sind.

Es kommt nicht in Betracht, dass:

- traditionelle Bücher jahrhundertelange kultivierte Technik des Lesens aufweisen, die stellen das gründliche und nachdenkliche Lesen sozusagen das ‚Deep Reading' von Literatur, Roman, eine hohe Bedeutung.
- Zudem sind tradionelle Büchern das bevorzugte Lesemedium für längere Texte sind, vorallem, wenn es um ein tieferes Verständnis der Texte geht.

sich in Zweifel ziehen ->eine Begründung geben ->eine Meinung vertreten

Zum Nachdenken gebracht hat mich der dritte Punkt des Artikels: Welcher Zweck die Lektüre haben, wenn sie das Lesen entweder durch traditionellen- oder durch E-Bücher entscheiden. Unter welchen Umständen sie gelesen wird.

Ich denke nämlich, dass

- man zu diesem Punkt nicht klar die Gründe nachvollziehen, da jeder Mensch ein individuelles Wesen ist, und hat seine eigene Bevorzugungen. Nach meiner Erfahrung sind E-Books meist für kürzere Text z.B Taschenbücher,

Prüfungsvorbereitende Bücher, Kurzgeschichten ...usw., gelesen ist. Meistens kaufen Leute traditionelle Bücher wie Literatur, Medizinbücher, Ingenieurwissenschaft, Informationstechnologie ...usw, die viel mehr Seiten, Abbildungen enthalten, und sind auf dem Markt leicht verfügbar. Auch in I-Pad, Smartphones sind sie nicht leicht lesbar, da dafür man tiefe Konzentration braucht.

- Es gäbe Referenzen der Gesetzesbücher, Literaturbücher..usw in verschiedene Webseiten in Internet, die meistens die Studierenden verwenden. Solche Bücher auf dem Markt sind nicht leicht zu finden.

Aus der Perspektive meines Heimatlandes möchte ich ergänzen, dass...............

Zusammenfassend möchte ich sagen, dass für............ beide Seiten notwendig sind: 1)................... 2) ....

Sie haben ein Artikel in der Zeitung "...." zum Thema " Lehrern die Meinung sagen"
"Spick mich" und ähnliche Portale" gelesen und dazu äußern Ihre Meinung.

➢ *Derartige Internetportale verletzten die Persönlichkeitsrechte von Lehrern, die*
  Bewertungen sind oft beleidigend und manche Schüler nutzen diesen Seiten für
  Racheaktionen gegen unbeliebte Lehrer.
➢ *Auch Lehrer sollten sich einer öffentlichen Einschätzungen ihrer Berufsausübung*
  stellen und die ehrlichen Bewertungen nutzen, um ihren Unterrichtsstil und ihre
  Kommunikation zu verbessern.

Der Artikel „.........." beleuchtet die Thematik vielschichtig und differenziert. In vielen Punkten bin ich mit dem Autor einverstanden. Dennoch möchte ich die Gelegenheit nutzen, und dazu meine Meinung äußern.

Lehrern die Meinung sagen" - "Spick mich" und ähnliche Portale ist ein wichtiges Thema, was häufig in der gesellschaftlichen Diskussion bleibt.

Argument 1

Ich bin mit der ersten Aussage ihres Artikels einverstanden, dass derartige Internetportale die Persönlichkeitsrechte von Lehrern verletzten, die Bewertungen sind oft beleidigend und manche Schüler nutzen diesen Seiten für Racheaktionen gegen unbeliebte Lehrer.

Nach meiner Kenntnis möchte ich ergänzen, dass:

• die Erteilung von Feedback von Schülern wichtig ist. Dadurch erkennen Lehrer. Aber stelle ich die Frage, warum sollen Schüler ihre Feedbacks in

Internet veröffentlichen? Holen den Lehrern damit keine Feedbacks ein. Die Motive der Schüler seien hier gefragt.

- Nach meiner Meinung Unzufriedenheit mit den Lehrer ist klar, aber Schüler sollen auf keinen Falls Kommentare gegen Lehrer im Internet fassen, und dadurch das Image einer Lehrerin beschädigen. Das bringt kein Gutes für sie, da sie nicht völlig gereift sind. Durch solche Internet Portale, würden sie eine wertende Eigenschaft entwickeln. Sie würden danach die Eltern, andere Lehrer, ... andere Leute häufig kritisieren, was nach meiner Meinung für die Gesellschaft sehr unerwünscht ist.
- Lehrer befürchten, solche Aktivitäten als ein Überwachungsinstrument gegen sie. Sie würden aus diesem Grund Abstand mit den Schülern halten. Wieso wird der Unterricht dadurch interaktiv?

Argument 2

Außerdem möchte ich noch einmal unterstreichen, was der Artikel schreibt, dass auch Lehrer die ehrlichen Bewertungen nutzen, um ihren Unterrichtsstil und ihre Kommunikation zu verbessern.

Es kommt nicht in Betracht, dass:

- die Erteilung von Feedback zwischen Lehrer und Schülern wichtig ist, um sich die Lernfortschritte des Kurses und die Anpassung der Unterrichtsmethode zu improvisieren. Dadurch erkennen Lehrer, wie sie können der Unterricht noch interaktiver machen. Ein konstruktive Verständnis, Zusammenarbeit wichtig ist, um eine Beziehung der Vertrauenswürdigkeit zu entwickeln. Besteht solche Beziehung, dann würden Schüler ihre Lehrer auch nach mehreren Jahren nicht vergessen, und sie schätzen.
- Solche offene Feedbacksessions im Internet bringen mehr Transparenz im Schulsystem. Es steht außer Zweifel, dass immer noch eine

traditionelle Unterrichtsmethode verwendet wird. Daher ist es wichtig, das zu erkennen, ob und wie/Inwieweit diese traditionelle Unterrichtsmethode in der Zeit der modernen Welt, wo jeder Monat eine neue Technologie entwickelt, anpassen können.

---

sich in Zweifel ziehen ->eine Begründung geben ->eine Meinung vertreten

---

Zum Nachdenken gebracht hat mich der dritte Punkt des Artikels, dass

Ich denke nämlich

Aus der Perspektive meines Heimatlandes möchte ich ergänzen, dass...............

Zusammenfassend möchte ich sagen, dass für............ beide Seiten notwendig sind: 1).................... 2) ....

Der Terminkalender der Dreijährigen - Sinn und Unsinn frühkindlicher Förderung

Sie haben ein Artikel in der Zeitung ".…" zum Thema "Der Terminkalender der Dreijährigen - Sinn und Unsinn frühkindlicher Förderung" gelesen und dazu äußern Ihre Meinung.

> ➢ *Wissenschaftler sind der Meinung, dass der Mensch in den ersten Lebensjahren das größte Lernpotenzial besitzt. Es ist wichtig, Kinder bei diesem frühen Lernen zu fördern und zu unterstützen- durch Eltern, Kurse für Kleinkinder.*
> ➢ *Mittlerweile warnen Experten davor, Kinder zu überfordern. Kinder brauchen auch viel Zeit für sich selbst und werden durch zu viele Kleinkinderkurse unter Druck gesetzt.*
> ➢ *Die Förderung aller Kinder im gleichem Maße zu sichern, also allen kleinen Bürgern gleiche Entwicklungschancen einzuräumen, ist auch Aufgabe des Staates. Das heißt vor allem, dass Kinder aus sozial benachteiligten Schichten gefördert.*

Der Artikel „………." beleuchtet die Thematik vielschichtig und differenziert. In vielen Punkten bin ich mit dem Autor einverstanden. Dennoch möchte ich die Gelegenheit nutzen, und dazu meine Meinung äußern.

Frühkindlicheförderung ist ein wichtiges Thema, was häufig in der gesellschaftlichen Diskussion bleibt.

Argument 1

Ich bin mit der ersten Aussage ihres Artikels einverstanden, dass Mensch in den ersten Lebensjahren das größte Lernpotenzial besitzt. Es ist wichtig, Kinder bei diesem frühen Lernen zu fördern.

Nach meiner Kenntnis möchte ich ergänzen, dass:

- das Gehirn am besten durch Erfahrungen lernt, wenn Kinder selbst etwas entdecken können und Erfolgserlebnisse haben.
- Durch Kita- und Kindergartenbesuch können Kinder vorzeitig wichtige Kompetenzen erlernen, was später in der Schule sehr hilfreich wären.
- Ganz klar: Kommunikation, Sozialverhalten, Bewegung und Kreativität sollen sich auch schon in den ersten sechs Lebensjahren entwickeln können. Muss man dafür Kurse und/oder Vereine besuchen? Ich bezweifele das. Ich denke nämlich dass, nicht nur Kita, sondern auch Eltern, Familie für die frühkindliche Entwicklung zuständig sind.

Argument 2

Außerdem möchte ich noch einmal unterstreichen, was der Artikel schreibt, dass die Gefahr immer noch besteht, Kinder zu überfördern. Da Kinder brauchen viel Zeit für sich selbst und werden durch zu viele Kleinkinderkurse unter Druck gesetzt.

Eine passende Aussage *„Das Gras wächst nicht schneller, wenn man an ihm zieht"*

Es kommt nicht in Betracht, dass:

- frühkindliche Erziehung die persönliche Entfaltung des Kindes behindern kann. Wegen des Überforderns haben Kinder erhöhter Stress, was zur Verringerung des Selbstbewusstseins führen.
- Eltern sollen versuchen, die eigenen Wünsche der Kinder zu verstehen, und sie begleiten, damit sie ihre eigenen unerfüllten Wünsche erreichen können.
- Nicht alle Kinder müssen mit sechs Jahren entwicklungspsychologisch auf dem gleichen Stand sein, manche brauchen länger als andere. Der Lernerfolg hängt vor allem davon ab, ob sich ein Kind für etwas interessiert und begeistert.

Zum Nachdenken gebracht hat mich der dritte Punkt des Artikels, dass es eine Aufgabe des Staates ist, die Förderung aller Kinder in der gleichen Maße zu sichern, und für alle gleiche Entwicklungschancen einzuräumen.

- Ich denke nämlich, dass Staat verpflichtet ist, gute Rahmenbedingungen für ein gesundes Aufwachsen von Kindern zu ermöglichen. Staat soll mehrere Investitionen in die vorschulische Bildung machen, und mehr und besser qualifiziertes Personal für die frühkindliche Förderung vermitteln. Gezielt seien vor allem Kinder aus sozialer/finanzieller benachteiligten Familie, oder Kinder mit Migrationshintergrund.

Aus der Perspektive meines Heimatlandes möchte ich ergänzen, dass...............

Zusammenfassend möchte ich sagen, dass für............ beide Seiten notwendig sind: 1)................... 2) ....

Täter-Opfer-Ausgleich - Chancen und Risiken von Mediation an Gerichten

Sie haben ein Artikel in der Zeitung "...." zumThema " Täter-Opfer-Ausgleich - Chancen und Risiken von Mediation an Gerichten " gelesen und dazu äußern Ihre Meinung.

> ➢ *Bei weniger schweren Straftaten gibt es Tendenz, es nicht zu einem Prozess kommen lassen, sondern Täter und Opfer zu einer freiwilligen Einigung anzuhalten.*
> ➢ *Kritiker geben zu bedenken, dass manche Täter dem Täter-Opfer-Ausgleich nur zustimmen, weil sie einer harten Strafe durch das Gericht entgehen wollen.*
> ➢ *Entscheidend für den Erfolg des Verfahrens ist, dass gut ausgebildete und erfahrene Mediatoren zum Einsatz kommen, die den Ausgleich neutral und professionell leiten.*

Der Artikel „........." beleuchtet die Thematik vielschichtig und differenziert. In vielen Punkten bin ich mit dem Autor einverstanden. Dennoch möchte ich die Gelegenheit nutzen, und dazu meine Meinung äußern.

Täter-Opfer-Ausgleich - Chancen und Risiken von Mediation an Gerichten ist ein wichtiges Thema, was häufig in der gesellschaftlichen Diskussion bleibt.

Argument 1

Ich bin mit der ersten Aussage ihres Artikels einverstanden, dass bei weniger schweren Straftaten ohne gerichtlichen Prozess kommen zu lassen, können Täter und Opfer zu einer freiwilligen Einigung durch Mediatoren anhalten.

Nach meiner Kenntnis möchte ich ergänzen, dass:

- ein gerichtlicher Vorgang sehr stressig, kostenintensiv für beide Täter und Opfer ist. Manche juristische Fälle dauern zu viel Zeit, dass es zur Demütigung und Frustration führen. Daher ist die freiwillige Einigung durch Mediation sehr vorteilhaft gewesen, wodurch die Interessen und Belange der Opfer in Vorzug genommen sind.
- Zudem ermöglicht es die Täter mit den Konsequenzen ihrer Tat durch direkte Begegnung mit den Opfern zu konfrontieren.
- Die aktive Beteiligung beider Parteien an der Konfliktaufarbeitung und Wiedergutmachung, lässt Täter und Opfer zu einem Frieden kommen.

Argument 2

Außerdem möchte ich noch einmal unterstreichen, was der Artikel schreibt, dass manche Täter dem Täter-Opfer-Ausgleich nur zustimmen, weil sie einer harten Strafe durch das Gericht entgehen wollen. Außerdem ist der direkte Kontakt zu den Tätern für manche Opfer eine große seelische Belastung.

Es kommt nicht in Betracht, dass:

- die Mediation der Opfer eine Chance bietet, auch ohne ein langwieriges Gerichtsverfahren Schadensersatz oder Schmerzensgeld zu bekommen. Der Täter will dieser stressige gerichtliche Verfahren oder harte Strafe unbedingt vermeiden.
- Während Mediation sind Bedürfnissen des Opfers Rechnung getragen. Selbstverständlich ist für Opfer die Begegnung mit dem Täter eine seelische Belastung, daher ist der Opfer in Bezug auf Belastung, Sicherheit ernst genommen.
- Im Allgemein stellt der Täter-Opfer-Ausgleich eine „Win-win-Situation" nicht nur für Opfer, sondern auch für Täter dar.

Zum Nachdenken gebracht hat mich der dritte Punkt des Artikels, dass entscheidend für den Erfolg des Verfahrens ist, dass gut ausgebildete und erfahrene Mediatoren zum Einsatz kommen, die den Ausgleich neutral und professionell leiten.

- Ich denke nämlich, dass der Ausgleich müsse eine kommunikative und inhaltliche Auseinandersetzung sein und in keinem Fall ein Deal.
- Mediatoren sollten ihres professionelle Wissen, die Methoden und ihre Kreativität bei der Mediation einzusetzen.
- Mediatoren sollen Konflikt verstehen, Gefühle der Parteien befassen, und ein Verständnis für die Parteien mit ihrer Sichten entwickeln.

Aus der Perspektive meines Heimatlandes möchte ich ergänzen, dass...............

Zusammenfassend möchte ich sagen, dass für............ beide Seiten notwendig sind: 1).................... 2) ....

Brutalisierung der Jugend? - Jugendgewalt zwischen medialer Wahrnehmung und Statistik

Sie haben ein Artikel in der Zeitung ".... " zum Thema " Brutalisierung der Jugend? - Jugendgewalt zwischen medialer Wahrnehmung und Statistik " gelesen und dazu äußern Ihre Meinung.

> ➢ *In den vergangenen Jahren erschütterten Fälle von hemmungsloser Gewalt Jugendlicher die Öffentlichkeit in vielen Ländern. Menschen wurden ohne Anlass überfallen, zusammengeschlagen, verletzt oder sogar getötet. Die Bereitschaft zur Brutalität ohne moralische Schranken scheint dramatisch zuzunehmen.*
> ➢ *Im Gegensatz zur öffentlichen Wahrnehmung nimmt Jugendkriminalität nicht zu, sondern sogar leicht ab. Offensichtlich werden einzelne Fälle besinnungsloser Gewalt von den Medien ins Zentrum der Aufmerksamkeit gerückt, ohne die Gesamtentwicklung ausreichend zu berücksichtigen.*

Der Artikel „........." beleuchtet die Thematik vielschichtig und differenziert. In vielen Punkten bin ich mit dem Autor einverstanden. Dennoch möchte ich die Gelegenheit nutzen, und dazu meine Meinung äußern.

Brutalisierung der Jugend? - Jugendgewalt zwischen medialer Wahrnehmung und Statistik ist ein wichtiges Thema, was häufig in der gesellschaftlichen Diskussion bleibt.

Argument 1

Ich bin mit der ersten Aussage ihres Artikels einverstanden, dass die Bereitschaft zur Brutalität ohne moralische Schranken dramatisch zugenommen hat.

Nach meiner Kenntnis möchte ich ergänzen, dass:

- die Täter im Vergleich zu den letzten Jahrzehnten immer jünger und brutaler werden. Jugendliche reagieren sehr sensibel auf

Veränderungen. Das ist ein Problem für die gesamte Gesellschaft geworden.

- Mensch ist heutzutage sehr frustriert –berufliche Probleme, Stress beim Studium, Familie Probleme, Arbeitslosigkeit, hektisches Leben, problematische Wohnsituation, mangelnde Sprachkenntnisse ..usw. Gefühle der Hilfslosigkeit zu Aggressionen führt, und man ist bereit zu Gewalt.

- Leute haben die allgemeine Denkweise der sozialen Ungleichheit, was schließlich zu Rassismus, Hass gegen andere Religion, Gewalt..usw führt. Wie Leute solche Denkweise entwickeln, ist sehr fragwürdig.

- Die Globalisierung hat sich das Leben konkurrenzorientiert gemacht. Dank der massiven Migration in entwickelte Länder, gäbe es für Einbürger wenige Perspektiven z.B wenige Jobs, wenige Gehalt. Es befinden sich nun mehrere Ausländer in der Nachbarschaft..usw. Zudem in Schwellenländer leiden Leute unter Armut, Korruption, Perspektivlosigkeit, Hunger, soziale Ungleichheit ..usw. Es ist Klar, dass Leute heute sehr frustriert sind, und Hass gegen sich einander zugenommen ist.

Argument 2

Außerdem möchte ich noch einmal unterstreichen, was der Artikel schreibt, dass In Gegensatz zur öffentlichen Wahrnehmung Jugendkriminalität nicht zugenommen hat. Offensichtlich werden einzelne Fälle besinnungsloser Gewalt von den Medien ins Zentrum der Aufmerksamkeit gerückt.

Es kommt nicht in Betracht, dass:

- die Zahl der Jugendgewalt seit Lange ständig zurückgegangen ist. Die Gesellschaft bietet genügend Perspektiven wie – Erziehung, Jobmöglichkeiten, Bildung, Sicherheit..usw., zu den Jugendlichen an. Das Lebensstandard hat sich deutlich verbessert. Warum würden Jugend gewalttätig sein?

- Die meisten Menschen kennen Kriminalität nur noch vom Hörensagen oder aus den Medien. Das eigene Erleben ist inzwischen die Ausnahme.
- Medien müssen immer auch mitteilen: Was in irgendwo passiert ist, sind Einzelfälle. Das Gesamtbild ist viel positiver. Ein Flüchtling tötet ein Mädchen und Deutschland spricht tagelang davon. Aber kaum Medien spricht von den vielen anderen Flüchtlingen, die eine Ausbildung machen, Kontakte knüpfen und sich für die Gesellschaft ihre Beiträge leisten.

---

sich in Zweifel ziehen ->eine Begründung geben ->eine Meinung vertreten

---

Zum Nachdenken gebracht hat mich der dritte Punkt des Artikels, dass

Ich denke nämlich

Aus der Perspektive meines Heimatlandes möchte ich ergänzen, dass...............

Zusammenfassend möchte ich sagen, dass für............ beide Seiten notwendig sind:
1).................. 2) ....

Die Zukunft der Lyrik

*Sie haben ein Artikel in der Zeitung ".…" zum Thema "Eine aussterbende Gattung? -
Die Zukunft der Lyrik" gelesen und dazu äußern Ihre Meinung.*

> ➤ *Lyrik als eine der drei großen Literaturgattungen wird heute wie früher von
> Menschen geschätzt und geliebt. Natürlich gibt es Wandlungsprozesse, so
> eroberten in den siebziger Jahren dokumentarische Gedichte das Publikum,
> während zeitgenössische Lyrik zum Beispiel bei Poetry Siams ein Zuhause hat.*
> ➤ *„Gedichte sind eine untergehende Gattung. Sie haben heutigen interessierten
> Lesern kaum noch etwas zu sagen, außerdem hat die Behandlung von Lyrik im
> Schulunterricht vielen Menschen diese Kunstform für immer verleidet. Heute
> noch Gedichte zu verlegen oder dafür Preise zu vergeben, ist purer
> Anachronismus.*
> ➤ *Kunst muss nicht immer 'massenkompatibel' sein. Es ist gut und richtig, auch
> Nischengattungen wie Lyrik oder Ausdruckstanz zu fördern und zu
> popularisieren. Daher wäre es gut, wenn auch weiterhin mutige Verleger
> Gedichtbände publizieren und Stiftungen Preise und Stipendien für Lyriker
> vergeben.*

**Der Artikel „………." beleuchtet die Thematik vielschichtig und
differenziert. In vielen Punkten bin ich mit dem Autor einverstanden. Dennoch
möchte ich die Gelegenheit nutzen, und dazu meine Meinung äußern.**

Eine aussterbende Gattung? - Die Zukunft der Lyrik ist ein wichtiges Thema, dass
häufig in der gesellschaftlichen Diskussion bleibt.

Argument 1

Ich bin mit der ersten Aussage ihres Artikels einverstanden, dass Lyrik als eine der drei großen Literaturgattungen heute wie früher von Menschen geschätzt und geliebt wird. Natürlich gibt es Wandlungsprozesse, so eroberten in den siebziger Jahren dokumentarische Gedichte das Publikum.

Nach meiner Kenntnis möchte ich ergänzen, dass:

- Lyrik ein Teil der Literatur ist. Es ist sogar ein sehr wichtiges Element der Literatur und Kultur. Gedichte der siebzigen Jahren machen uns die Verwendung der alten Sprachen in vertraut. Beim Gedicht lesen/hören lernt der Zuhörer Umstände, in denen die Autoren in der damaligen Zeit gelebt haben.
- Lyrik/Gedichte stellen die Kultur, Geschichte dar, und vermitteln eine fröhliche und gute Stimmung. Die Verwendung der Gedichte verschönert die Feiern noch.
- Nicht nur beim Erwachsenen, sondern auch in Schulen, bliebt es ein Bestandteil der Studienprogramme wie Geisteswissenschaft, Kulturwissenschaft, Philosophie ..usw.
- Ausgeübt immer noch ist die Textanalyse und -interpretation aus bekannten Gedichte, um sie besser zu verstehen. Diese Tätigkeiten machen das Studium leichter, und trainiert das Gehirn.

Argument 2

Außerdem möchte ich noch einmal unterstreichen, was der Artikel schreibt, dass „Gedichte sind eine untergehende Gattung. Sie haben heutigen interessierten Lesern kaum noch etwas zu sagen, außerdem hat die Behandlung von Lyrik im Schulunterricht vielen Menschen diese Kunstform für immer verleidet.

Es kommt nicht in Betracht, dass:

- die Gedichte in der heutigen modernen Welt kaum eine Rolle spielen. Die Welt hat sich sehr verändert, wo jeder Mensch auf die Wohle der Familie, die Gesellschaft achtet. Das Leben ist hektisch geworden, wo ein Gleichgewicht zwischen Privatleben und Berufsleben zu halten, eine schwierige Aufgabe ist. Viele Menschen schätzen Gedichte lesen, aber dafür keine Zeit verbringen. Für die einige Junge ist es einfach ein Zeitaufwand.

- Der Verkäufer, der mit seinen Kunden einredet; die Sekretärin, die ein Diktat aufnimmt; der Abgeordnete, der die Paragraphen einer Gesetzesvorlage durchgeht...usw: Ich bewundere, wo man die Gedichte, die man in der Schule gelernt hat, im Leben in Verwendung bringt.

- Obwohl Gedichte sehr leicht im Internet zum Lesen, oder zum kostenlosen Download, verfügbar sind, wird es immer wenig gelesen. Man kann davon nachvollziehen, dass es immer wenige interessierte Leser für Gedicht gäben.

- Auch in der Schule, wo Schüler Gedichte meistens zur Textanalyse/Interpretation lesen, den Zweck der Gedichte im Alltagsleben bezweifeln.

---

sich in Zweifel ziehen ->eine Begründung geben ->eine Meinung vertreten

---

Zum Nachdenken gebracht hat mich der dritte Punkt des Artikels, dass Kunst nicht immer 'massenkompatibel' sein muss. Es ist gut und richtig, auch Nischengattungen wie Lyrik oder Ausdruckstanz zu fördern und zu popularisieren.

Ich denke nämlich

- Gedichte, Lyrik für die Bewahrung der Kultur, alte Sprachen notwendig sind. Es braucht nicht 'massenkompatibel' zu sein, da jede Menschen ein individuelles Wesen ist, und hat seine eigene Wahl, wenn es zum Lesen, Hören gibt. Trotzdem ist es wichtig, dass

Gedichte in Absicht von Patriotismus, Schätzung der Kultur ..usw publiziert wurden.

- Diese Publizität kann man durch Schritte wie: Verleger ermütigen, Gedichtbände publizieren, Stiftungen Preise und Stipendien für Lyriker vergeben, ..usw, erreichen.

- Gedicht/Lyrik ist eine Art der Kunst, die die wir bewahren, und die nächste Generation weitergeben sollen. Es ist für die ganze Mannschaft wichtig, da es die heutige Generation mit ihrer letzten Generation verbindet.

Aus der Perspektive meines Heimatlandes möchte ich ergänzen, dass...............

Zusammenfassend möchte ich sagen, dass für............ beide Seiten notwendig sind: 1)................... 2) ....

Sie haben ein Artikel in der Zeitung ".…" zum Thema "Rap - Jugendkultur zwischen Poesie und Aggression" gelesen und dazuäußernIhreMeinung.

> ➢ *Rap als Bestandteil der Hip–Hop–Kultur ist ein wichtiges Ausdrucksmittel für die Gefühle, Ansichten und Wünsche von Jugendlichen auf der ganzen Welt. Damit hat Rap einen festen Platz in der Gegenwartskunst.*
> ➢ *Der heutige Rap hat nicht mehr viel mit seinen Wurzeln in der Musik der siebziger Jahre zu tun. Er ist kommerzialisiert, häufig nicht mehr authentisch und dient vor allem dazu, schnell viel Geld zu machen.*
> ➢ *Problematisch ist in erster Linie der sogenannte Gangsta–Rap. Hier werden Ägressivität und Brutalität verherrlicht, was besonders auf sehr junge Menschen einen schlechten Einfluss ausübt. Diese Musikeinrichtung ist außerdem häufig sexistisch und Frauen verachtend. Daher sollte man diesen Stil ablehnen und vor ihm warnen.*

Der Artikel „………" beleuchtet die Thematik vielschichtig und differenziert. In vielen Punkten bin ich mit dem Autor einverstanden. Dennoch möchte ich die Gelegenheit nutzen, und dazu meine Meinung äußern.

Rap - Jugendkultur zwischen Poesie und Aggression ist ein wichtiges Thema, was häufig in der gesellschaftlichen Diskussion bleibt.

Argument 1

Ich bin mit der ersten Aussage ihres Artikels einverstanden, dass Rap als ein wichtiges Ausdrucksmittel für die Gefühle, Ansichten und Wünsche von Jugendlichen ist.

Nach meiner Kenntnis möchte ich ergänzen, dass:

- Viele Junge ihr wirkliches Leben mit der Lyrik der Rap-Songs assoziieren. Arbeitlosigkeit, scheidende Beziehung, Perspektivlosigkeit..usw stellen viele Rap-Songs die wahre Probleme des Lebens dar. Rap-Songs geben eine klare Stellung zu verschiedenen politischen, gesellschaftliche Themen wie Nationalstolz, Rassismus..usw.
- Es ist anzunehmen, dass viele Menschen wegen des Unrechts sehr frustriert sind. Rapsong ist häufig mit der harten Sprache und laut gesungen ist, was ermöglicht, die Gefühle und Frustrationen öffentlich auszudrücken. Damit fühlen sich die Jugendlichen wohl.
- Durch Rap-Songs zeigen Rappers ihre Talents, was von Millionen Zuhörer geschätzt ist.

Argument 2

Außerdem möchte ich noch einmal unterstreichen, was der Artikel schreibt, dass der heutige Rap sehr kommerzialisiert geworden ist, was häufig nicht mehr authentisch und vor allem dazu dient, schnell viel Geld zu machen.

Es kommt nicht in Betracht, dass:

- Rap sehr kommerzialisiert geworden ist. Ein Rap-Song wurde so geschrieben, sodass Rapper sich viel publizieren kann. Erhöht sich der Bekanntheitsgrad in soziale Plattformen z.B Youtube, dann erhält man vielleicht Verträge mit Veranstaltern, Managern oder Musikfirmen.
- Kritisiert ist es auch, dass Rappers häufig Geld, Berühmheit, zusätzliche Shows berücksichtigen. Ich stelle mich die Frage, ob solche Rap-Songs etwas Gutes für die Gesellschaft tun. Durch die Verwendung der harten Wörter, Respektlosigkeit gegenüber Frauen, Flüchtlinge, Politiker ... usw kriegen sie negative Publicity. Trotzdem verdienen sie Geld, Shows, Verträge mit Veranstaltern, Musikfirmen.

Zum Nachdenken gebracht hat mich der dritte Punkt des Artikels, dass Gangsta–Rap, sehr problematisch ist. Die Musik verherrscht Agressivität und Brutalität, was besonders auf sehr junge Menschen einen schlechten Einfluss ausübt. Diese Musikeinrichtung ist außerdem häufig sexistisch und Frauen verachtend.

Es steht außer Zweifel, dass

- aggressiven Gangsta-Rap über die eigene Ohnmacht, die Perspektivlosigkeit projiziert. Aber denke ich nämlich, wie Lyrik und die enthaltene Wörter wie Gras, Marihuana, Alkoholkonsum, Doping, Kindermissbrauch, sexistische Terminologie gegenüber Frauen...usw Entertainment ist. Ich bezweifele das. Sind Rapper, die Gras rauchen mit verschiedene Frauen ihre Respektlosigkeit gegen Gesellschaft zeigen, cool?
- Viele Leute die Liedtexte der Gangsta-Rap als Quatsch betrachten.

Aus der Perspektive meines Heimatlandes möchte ich ergänzen, dass...............

Zusammenfassend möchte ich sagen, dass für........... **beide Seiten notwendig sind: 1)**................... **2)** ....

137

Der Wert von Tradition - Hat das Volkslied noch eine Berechtigung

---

Sie haben ein Artikel in der Zeitung "...." zum Thema " Der Wert von Tradition - Hat das Volkslied noch eine Berechtigung " gelesen und dazu äußern Ihre Meinung.

➤ *Traditionelle Lieder sind ein wichtiger Teil der nationalen Identität eines Volkes. Es ist wichtig, dieses Erbe zu pflegen, gerade in Zeiten der Globalisierung. Daher müssen auch Kinder früh im Elternhaus und in der Schule mit Volksliedern vertraut gemacht werden.*

➤ *Volkslieder sprechen heute kaum noch jemanden an, da sie eine Lebensumwelt zum Inhalt haben, die fremd geworden ist und zu der die meisten Menschen kein Bezug mehr haben. Moderne Lieder spiegeln das heutige Lebensgefühl besser wider.*

➤ *Verschiedene Musikrichtungen sollten ihren Platz nebeneinander haben. Das heißt, dass Rock, Pop und Hip-Hop ebenso legitim sind wie Volkslieder: Meinungsvielfalt ist ein Wichtiges Gut in einer demokratischen Gesellschaft auch im kulturellen Bereich.*

Der Artikel „........." beleuchtet die Thematik vielschichtig und differenziert. In vielen Punkten bin ich mit dem Autor einverstanden. Dennoch möchte ich die Gelegenheit nutzen, und dazu meine Meinung äußern.

Der Wert von Tradition - Hat das Volkslied noch eine Berechtigung? ist ein wichtiges Thema was häufig in der gesellschaftlichen Diskussion bleibt.

Argument 1

Ich bin mit der ersten Aussage ihres Artikels einverstanden, dass traditionelle Lieder wichtiger Teil der nationalen Identität eines Volkes sind. Es ist wichtig, dieses Erbe zu pflegen, gerade in Zeiten der Globalisierung. Daher müssen auch Kinder früh im Elternhaus und in der Schule mit Volksliedern vertraut gemacht werden.

Nach meiner Kenntnis möchte ich ergänzen, dass:

- Die Lieder können die Herzen berühren, sowohl der Singenden als auch der Zuhörenden. Wichtig sind auch die kulturellen, regionalen Lieder die Patriotismus hervorrufen. Die Volkslieder legt man im Herzen, wenn man in der Ferne an die Heimat denkt.

- Volksliedern stellen die Lebensweisen und alltäglichen Prozesse des Landes dar. Was sind die Rituale? Wie wurde Feste der Dörfer gefeiert?, Tradionen der Kleinstadt.. usw sind durch Volksliedern erkennbar.

- Es ist nicht zu vergessen, dass in der heutigen globalisierten Welt hat sich die Interesse der Jugend geändert, wo sehr wenige Menschen Wert auf Volkslieder legen. Daher ist es wichtig Jeder Schüler die bezogene Kultur, Tradition und Geschichte von Volksliedern zu unterrichten. Damit sie die Bräuche, Traditionen des Vaterslandes schätzen und sich wohlfühlen.

Argument 2

Außerdem möchte ich noch einmal unterstreichen, was der Artikel schreibt, dass Volkslieder fremd geworden sind und zu der die meisten Menschen keiner Bezug mehr haben. Moderne Lieder spiegeln das heutige Lebensgefühl besser wider.

Es kommt nicht in Betracht, dass:

- mit Lauf der Zeit, verlieren Volkslieder ihre Bedeutung ständig. Die wesentliche Ursache hierfür sind: Erstens: Kinder, Jungen mehr an Rap, Pop, Rock usw neigen, denn solche Musikeinrichtungen zu deren Geschmack passen. Zweitens: Die Lyrik der Volkslieder sind häufig unverständlich, da sie in der regionalen Sprache komponiert sind. Drittens: Wozu kaufe ich Musik CD von Volkslieder ein? Warum kann ich Volkslieder im Internet nicht finden oder kostenlos downloaden? .. usw sind die einigen Fragen, die weisen auf, dass Volkslieder auf dem Supermarkt nicht verfügbar sind.

- Jungen verbinden sich mehr mit Rap, Hip-Hop.. andere Musikeinrichtungen, da sie uns über die jetzige Situation, Probleme, Realität ..usw berühren lassen. Jungen können die Lyrik ohne Mühe verstehen und sich wohlfühlen. Die klassische Volkslieder sind häufig für die Vergnügung gehört, die uns bsds zu einer fantasievollen Welt führt, und lässt uns einen grauen, und bunten Realität zu entfliehen.

---

sich in Zweifel ziehen ->eine Begründung geben ->eine Meinung vertreten

---

Zum Nachdenken gebracht hat mich der dritte Punkt des Artikels, dass Verschiedene Musikrichtungen sollten ihren Platz nebeneinander haben. Das heißt, dass Rock, Pop und Hip-Hop ebenso legitim sind wie Volkslieder: Meinungsvielfalt ist ein Wichtiges Gut in einer demokratischen Gesellschaft auch im kulturellen Bereich.

Ich denke nämlich, dass,

- Musik Hören ein wichtiger Faktor für eine entspannende Seele ist. Da jeder Mensch ein individuelles Wesen ist, sind Neigungen und Geschmack in der Musik verschieden. Man kann daher nicht nachvollziehen, warum Volkslieder sowenig oder soviel gehört werden. Trotzdem meine ich, dass Musik sei es – Volkslieder, Rock, Pop und Hip-Hop..usw ein Bestandteil der Gesellschaft sind. Viele Leute verbringen 5-6 Stunden pro Woche beim Musik Hören. Beim Musik Hören erholen sie sich. Zudem ist es für viele eine Freizeitaktivität ist.

Aus der Perspektive meines Heimatlandes möchte ich ergänzen, dass...............

Zusammenfassend möchte ich sagen, dass für............ beide Seiten notwendig sind:
1).................... 2) ....

Traditionelle nationale Küche oder Einheitsbrei' - Die Zukunft unserer Kochkultur

Sie haben ein Artikel in der Zeitung ".…" zum Thema "Traditionelle nationale Küche oder Einheitsbrei' - Die Zukunft unserer Kochkultur" gelesen und dazu äußern Ihre Meinung.

> ➢ *Der Begriff "nationale Küche" hat sich im 19. Jahrhundert entwickelt, als viele der heutigen europäischen Nationalstaaten entstanden. Wenn überhaupt, gibt es keine nationale, sondern eine regionale Kochkultur – in Deutschland beispielsweise eine bayerische oder sächsische.*
> ➢ *Die nationale Küche ist ein wichtiger Bestandteil der Kultur eines Landes. Sie hat sich über Jahrhunderte entwickelt und trägt viel zur Identität einer Volkes bei.*
> ➢ *Wichtiger als der Schutz der nationalen Küche ist die Verbesserung der Qualität der menschlichen Ernährung, also zum Beispiel die Verwendung von Bio–Produkten. Es kommt auch darauf an, die Macht der Nahrungsmittel–Multis zu kontrollieren und zu begrenzen.*

Der Artikel „………" beleuchtet die Thematik vielschichtig und differenziert. In vielen Punkten bin ich mit dem Autor einverstanden. Dennoch möchte ich die Gelegenheit nutzen, und dazu meine Meinung äußern.

Traditionelle nationale Küche oder Einheitsbrei' - Die Zukunft unserer Kochkultur ist ein wichtiges Thema, was häufig in der gesellschaftlichen Diskussion bleibt.

Argument 1

Ich bin mit der ersten Aussage ihres Artikels einverstanden, obwohl der Begriff "nationale Küche" im 19. Jahrhundert entwickelte, hat es in der heutigen Zeit ihre Bedeutung verloren. Da es keine nationale, regionale Kochkultur nicht mehr in Deutschland gäben.

Nach meiner Kenntnis möchte ich ergänzen, dass:

- In der heutigen Zeit der modernen Welt, hat nationale, regionale Kochkultur in einige Länder einschließlich in Deutschland an Bedeutung verloren. Die wesentliche Gründe hierfür sind: Erstens: Junge präferieren Fast-Foods wie Burger, Pizza, Pommes Frites, Snacks..usw. Wegen der erhöhten Mobilität ist die gemeinsame Mahlzeiten innerhalb der Familie selten geworden; Zweitens: wegen der multikulturellen Gesellschaft gäbe es türkische, chinesische, afrikanische, europäische Essensspezialitäten in Deutschland. Es scheint zu gelungen, dass Kochkultur / „nationale Küche" nur noch in kleinen Dörfer bestehend ist, wo man Tradition hohes Wert liegt.

Argument 2

Außerdem möchte ich noch einmal unterstreichen, was der Artikel schreibt, dass die nationale Küche ein wichtiger Bestandteil der Kultur eines Landes ist. Sie trägt viel zur Identität eines Volkes bei.

Eine passende Aussage "Man isst um zu leben und lebt nicht, um zu essen."

Es kommt nicht in Betracht, dass:

- die feine Küche, die die regionale Kultur des Essens und Trinkens räpresentieren, sehr beliebt sind. Gemüse, Fleisch und Fisch...andere heimische Nahrungsmitteln sind Lieblingszutaten.
- Nicht nur Deutschland, sondern auch Länder wie China, Japan, Spanien, Indien, usw. sind wegen ihrer nationalen Küchen weltweit bekannt. Sie

verbreiten ihre Essensspezialitäten weltweit in Restaurants, Hotels, damit Leute ihre Kochkultur zu Kenntnis nehmen und schätzen.

- Dekoration und Tischsitten, Rituale und Zeremonien, Speisen oder auch regionale Spezialitäten lässt sich die Kultur, Volke identifizieren.

---

sich in Zweifel ziehen ->eine Begründung geben ->eine Meinung vertreten

---

Zum Nachdenken gebracht hat mich der dritte Punkt des Artikels, dass Wichtiger als der Schutz der nationalen Küche ist die Verbesserung der Qualität der menschlichen Ernährung, also zum Beispiel die Verwendung von Bio–Produkten.

Eine passende Aussage: „Gesunde Ernährung ist den Menschen ein zunehmend wichtiges   Anliegen"
Ich denke nämlich

- Essenkultur unser Leben sehr lebendig und nachhaltig macht. Zudem ist es sehr wichtig, dass wir mit der Qualität der Ernährung kein Kompromiss schließen.
- Es gäbe bestimmt viele Lokale, die immer noch die regionale Kochkultur einhalten. Sie bieten verschiedene Essensspezialitäten an, die im Zusatz zu Geschmack und Aroma auch gesund sind.
- Nicht zu vergessen sind die Bioprodukte, die ein wichtiger Faktor für ein gesunder Lebensstil sind. Die Produkte, die mit dem Bio-Label gekennzeichnet ist, bauen den Konsumenten das Vertrauen aus, dass sie gesunde und unbelastete Nahrungsmittel einkaufen.

Aus der Perspektive meines Heimatlandes möchte ich ergänzen, dass...............

Zusammenfassend möchte ich sagen, dass für............ beide Seiten notwendig sind: 1)................... 2) ....

All inclusive - Pauschalreisen contra Individualtourismus

Sie haben ein Artikel in der Zeitung ".…." zum Thema "All inclusive - Pauschalreisen contra Individualtourismus" gelesen und dazu äußern Ihre Meinung.

> *Pauschalreisen, wie sie sich in den letzten Jahrzehnten etabliert haben, sind ein zweischneidiges Schwert. Zum einen bringen sie den Zielländern sehr große Einnahmen — ganze Regionen leben hauptsächlich davon. Auf der anderen Seite zerstören die sogenannten Bettenburgen der großen Tourismuskonzerne wunderschöne Landschaften und beeinträchtigen auch die traditionelle Infrastruktur.*

> *Individualtourismus befriedigt grundlegende Sehnsüchte von Menschen — Fernweh, Abenteuerlust, Entdeckerfreude, interkulturelle Neugier. Aber Rucksacktouristen und andere Individualreisende müssen sich auch vergegenwärtigen, dass sie niemals vollständig in die anderen Kulturen vor Ort eintauchen können und dass sie auch Respekt vor dem Wunsch nach Abstand in den Gastländern zeigen müssen.*

> *Ob Pauschalreisen oder Individualtourismus: Exzessive Fernreisetätigkeit, vor allem mit Flugzeugen, ist auf Dauer eine ökologische Katastrophe. Jeder sollte sich bewusst machen, wie viel Kohlendioxid innerhalb einer einzigen Flugstunde in die Atmosphäre abgegeben wird. Sinnvoller wäre es, mit öffentlichen Verkehrsmitteln oder dem Fahrrad die eigene Region zu erkunden.*

Der Artikel „………" beleuchtet die Thematik vielschichtig und differenziert. In vielen Punkten bin ich mit dem Autor einverstanden. Dennoch möchte ich die Gelegenheit nutzen, und dazu meine Meinung äußern.

All inclusive - Pauschalreisen contra Individualtourismus ist ein wichtiges Thema, dass häufig in der gesellschaftlichen Diskussion bleibt.

Argument 1

Ich bin mit der ersten Aussage ihres Artikels einverstanden, dass Pauschalreisen, ein zweischneidiges Schwert sind. Zum einen bringen sie den Zielländern sehr große Einnahmen. Auf der anderen Seite zerstören es wunderschöne Landschaften und beeinträchtigen auch die traditionelle Infrastruktur.

Nach meiner Kenntnis möchte ich ergänzen, dass:

- Pauschalreisen für die wirtschaftliche Prosperität der Länder sehr wichtig ist. Es gibt's viele Länder wie Sri-Lanka, Malaysia, Maldives, Bhutan, ...usw, die trotz weniger Ressourcen, viele Sehenswürdigkeiten, Denkmäler, Strände, Bio-Diversität verfügen, was millionen Touristen jährlich besuchen. Die Touristen übernachten in Hotels, kaufen viele Dinge ein, was eventuell noch mehrere Beschäftigungsmöglickeiten schafft. Daher seien einige Länder an den Tourismussektor sehr abhängig, und geben Mühe für die Bewahrung der Denkmäler, andere Sehenswürdigkeiten.
- Zudem ist Pauschalreise sehr bequem, vor dem Flughafen wartete der Bus, alle drin, Willkommensansprache des Busfahrers und ab ins Hotel. Besuche an Sehenswürdigkeiten ohne Störungen.. usw.
- Es ist aber auch anzunehmen, dass stetige Pauschalreise die regionale Integrität des Landes gefährdet, und zur Ausnutzung der wunderschönen Landschaften führt. Manche Touristen warfen Müll einfach auf die Straße; der Bedarf des Alkohols, und non-vegetarisches Essen auf die Berge-Regionen hat sich erhöht;. Einige Touristen stören das Klima durch das Hören von laut Musik.

Argument 2

146

Außerdem möchte ich noch einmal unterstreichen, was der Artikel schreibt, dass Individualtourismus grundlegende Sehnsüchte von Menschen befriedigt. Aber Rucksacktouristen und andere Individualreisende sollen vollständig in die anderen Kulturen vor Ort eintauchen.

Es kommt nicht in Betracht, dass:

- Individualtourismus grundlegende Sehnsüchte von Menschen befriedigt. Man kann nur eine Woche oder zwei durch Faulenzen und Genuss der Sonne seine Bedürfnisse, um fremde Kultur, Menschen kennenzulernen, nicht befriedigen kann. Wenn man eine Rundreise durch ein Land machen will, mache er eine individuelle Reise.

- Rucksacktouristen planen ihre Reisen selbstständig, und genießen das lokale Mitmenschen, unerschlossene Ferngebiete, Kochkultur, Traditionen, Sprache ..usw. Für denen ist Abenteuer kein fremdes Wort, was auch manchmal gefährlich ist. Reise nach Amazon Wald in Afrika, Himalaya einige Städte, kann ebenso sehr gefährlich sein, bis man sich mit der Kultur, Landschaften, Lebensweise/Denkweise der Menchen ..usw vertraut macht. Daher ist es sehr wichtig, dass individuellreisender die Kultur des reisenden Landes, und die Leute respektiert. Man muss sich bereit sein, sich anzupassen, um ein wertvolles Erlebnis zu haben.

---

sich in Zweifel ziehen ->eine Begründung geben ->eine Meinung vertreten

---

Zum Nachdenken gebracht hat mich der dritte Punkt des Artikels, Ob Pauschalreisen oder Individualtourismus: Exzessive Fernreisetätigkeit, vor allem mit Flugzeugen, ist auf Dauer eine ökologische Katastrophe. Jeder sollte sich bewusst machen, wie viel Kohlendioxid innerhalb einer einzigen Flugstunde in die Atmosphäre abgegeben wird. Sinnvoller wäre es, mit öffentlichen Verkehrsmitteln oder dem Fahrrad die eigene Region zu erkunden.

Ich denke nämlich.

- Eine Flugreise das größte ökologische Verbrechen ist. Die Klimagasemissionen erwärmen die Erde mit verheerenden/tödlichen Folgen für Ökosysteme und Artenvielfalt. Fluglärm und Schadstoffe kommen noch dazu. Und trotzdem reisen wir ungerührt.
- Die Atmosphäre gehört allen Erdenbürgern zu gleichen Teilen. Ein großer Teil der Menschheit ist noch nie geflogen. Aber die kleine Minderheit, fliegen regelmäßig, was der Umwelt extrem schadet.
- Daher sehe ich als sinnvoll, mit öffentlichen Verkehrsmitteln oder dem Fahrrad die eigene Region zu erkunden. Diese Tat wird sich zweiteilig belohnen: Erstens: mehrere Beschäftigungsmöglickeiten für Reiseveranstaltern-Vermittlung der Fahrräder, Busse für die Touristen; Aufbau der Straßen, Autobahnen d.h. verbesserte Vernetzbarkeit der Stadt. Zweitens: wenige Luftverschmutzung, Autolärm .. usw.

Aus der Perspektive meines Heimatlandes möchte ich ergänzen, dass...............

Zusammenfassend möchte ich sagen, dass für............ beide Seiten notwendig sind: 1).................... 2) ....

Schiene oder Straße- Der Güterverkehr der Zukunft

Sie haben in der Zeitung "...." zum Thema "Schiene oder Straße- Der Güterverkehr der Zukunft"
gelesen und dazu äußern Ihre Meinung.

> *LKW auf der ersten Linie oder Bahn*
> *der Güterverkehr auf Schienen ist umweltverträglicher (Lärm, CO2-Emissionen)*
> *Obwohl Güterverkehr auf der schnell und flexibler ist, lassen wir die transportieren, auch wenn wird es die Umwelt belasten, vorallem die ökologisch sensiblen Regionen wie Alpen.*

Der Artikel „........." beleuchtet die Thematik vielschichtig und differenziert. In vielen Punkten bin ich mit dem Autor einverstanden. Dennoch möchte ich die Gelegenheit nutzen, einige Aspekte aus einer anderen Perspektive darzustellen.

Schiene oder Straße- Der Güterverkehr der Zukunft ist ein wichtiges Thema, was häufig in der gesellschaftlichen Diskussion bliebt..

Argument I

Fraglich ist indes, wie auch in den ersten Punkt ihrer Artikel hingewiesen ist, im Bezug auf Gütertransport in Deutschland, welche Transportmittel LKW oder Straße zuverlässlich ist.

Nach meiner Kenntnis möchte ich ergänzen, dass:

- Strasseverkehr in Bezug auf den Güterverkehr im Vergleich zu LKW's ein nachhaltige und effiziente Transportmedium in Europa ist. Mithilfe weitverbreitete Tunneln, Autobahnen, Schnellstraßen inzwischen verschiedene Länder ermöglicht es eine effektive, unkomplizierte Güterverkehr.

- Es ist anzunehmen, dass aus Kostengründen den Güterverkehr auf die Straße verlagert ist, denn der Dieselpreis für den Personen- und Güterverkehr auf der Straße mit Lauf der Zeit tief ausgefallen ist. Zudem gäbe es LPG; CNG, was nicht nur die Kosten sparen, sondern auch umweltfreundlich sind, denn stoßen sie wenige Abgase ab.

- Es scheint aber zu gelungen, dass wegen des wachsenden Güterverkehrs, könne das Bundesamt den Güterverkehr in der Zukunft von der Straße auf die Schiene verlagern. Jedoch bezweifele ich, ob sowas passieren würden, da hohe Investitionen erforderlich sind.

Argument 2

Außerdem möchte ich noch einmal unterstreichen, was der Artikel schreibt, dass der Güterverkehr auf Schienen umweltverträglicher(Lärm, CO2-Emissionen) ist.

Es kommt nicht in Betracht, dass:

- die Schiene eine wichtige Option ist, die den Güterverkehr, auch mit den reduzierten CO_2 Emissionen ermöglichen.

- Neben dem Vorteil der wesentlich geringeren CO_2-Emmisionen bietet die Schiene auch eine Unabhängigkeit vom hohen Dieselkonsum.

- Elektrische Lkw, seien es batteriebetriebene Fahrzeuge oder Oberleitungs-Lkw, können besonders energieeffizient betrieben werden und stoßen im Vergleich am wenigsten CO2 aus. Dafür wird es aber viel mehr Jahren und Investitionen in Anspruch genommen.

---

sich in Zweifel ziehen ->eine Begründung geben ->eine Meinung vertreten

---

Zum Nachdenken gebracht hat mich der dritte Punkt des Artikels, obwohl Güterverkehr auf der schnell und flexibler ist, lassen wir die transportieren, auch wenn wird es die Umwelt belasten, vorallem die ökologisch sensiblen Regionen wie Alpen.

Ich denke nämlich,

- um wettbewerbsfähig zu sein, sind interoperable Infrastrukturen aufgebaut d.H Aufbau von Tunneln unter die Berge, Stromerzeugung Stationen, Hohe Verkehr, die zugleich als Knotenpunkte des internationalen Handels dienen. Wir können diese Entwicklung nicht begrenzen, was nicht heißen soll, dass man Umwelt, Berge außer Acht lässt.
- Man soll erforderliche Anstrengungen unternehmen, um sicherstellen, dass diese Entwicklung nicht umweltstörend wären, insbesondere in Gebieten mit empfindlicher Umwelt wie den Alpen, Himalaya..usw.

Aus der Perspektive meines Heimatlandes möchte ich ergänzen, dass..............

Zusammenfassend möchte ich sagen, dass für .... beide Seiten notwendig sind:
1).................. 2) ....

Printed in Poland
by Amazon Fulfillment
Poland Sp. z o.o., Wrocław

33834133R00088